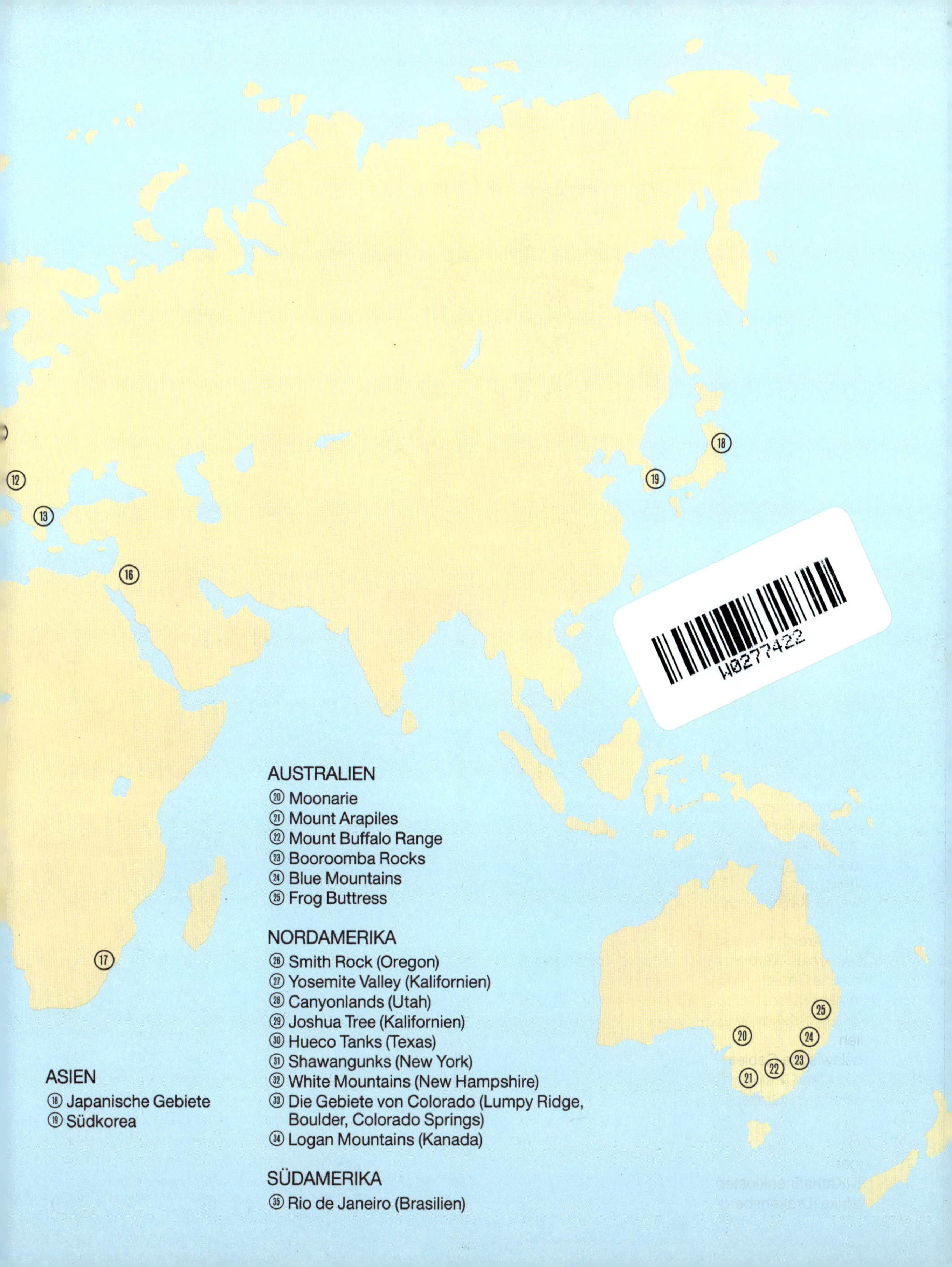

AUSTRALIEN

- ⑳ Moonarie
- ㉑ Mount Arapiles
- ㉒ Mount Buffalo Range
- ㉓ Booroomba Rocks
- ㉔ Blue Mountains
- ㉕ Frog Buttress

NORDAMERIKA

- ㉖ Smith Rock (Oregon)
- ㉗ Yosemite Valley (Kalifornien)
- ㉘ Canyonlands (Utah)
- ㉙ Joshua Tree (Kalifornien)
- ㉚ Hueco Tanks (Texas)
- ㉛ Shawangunks (New York)
- ㉜ White Mountains (New Hampshire)
- ㉝ Die Gebiete von Colorado (Lumpy Ridge, Boulder, Colorado Springs)
- ㉞ Logan Mountains (Kanada)

SÜDAMERIKA

- ㉟ Rio de Janeiro (Brasilien)

ASIEN

- ⑱ Japanische Gebiete
- ⑲ Südkorea

Die Gebirge waren anfangs nur da,
für die Menschen ein Rätsel.

Dann war der Berg Medium,
ein Schlüssel zum Kosmos.

Später begann die Eroberung,
die wir heute nutzlos nennen.

Mit jeder Besteigung vertrieben wir Mythen,
mit jedem »Sieg« verloren wir Welten.

Früher einmal kletterten wir in blindem Heroismus,
gestern im Schatten von Idealen.

Heute ist das Bergsteigen im Umbruch –
vom Abenteuer zum Sport,
vom Unterwegssein zum Wettlauf.

Mit jedem Erfolg, mit jeder Vorgabe
verändern wir das Medium;
mit dem Wettlauf heben wir es auf.

Dieses Medium aber ist nicht tot;
es ist nur verwaist.

Die Berge stehen immer noch da.

H. Kammerlander in
der Nordwestwand
der Annapurna I,
ca. 7600 m

Nächste Doppelseite:
Annapurna und Fang
von Norden

Wettlauf zum Gipfel
Strategie und Taktik meiner Höchstleistungen

Wettlauf

zum
Gipfel

»Man kann den Besten nicht bestimmen. Beim Wettkampf kann dies höchstens bei einer bestimmten Passage zu einem bestimmten Zeitpunkt gelingen. Die Alpinisten aber haben immer gewußt, wer in den verschiedenen Sparten des Bergsteigens die besten waren, unabhängig von jedem nach objektiven Regeln kodifizierten Wettkampf.« (Alessandro Gogna)

Eiswettklettern im Kaukasus

B. Arnold im »Weg der Jugend«, Hoher Torstein, Elbsandsteingebirge (IXa). Foto: F. Richter

»Im Sport waren es immer die Besten, die die Entwicklung bestimmten, nicht die Schreibtischtäter.« (Reinhold Messner)

Inhalt

Bildnachweis

Alle Fotos aus dem Archiv Reinhold Messners, seiner Mitarbeiter und Expeditionsteilnehmer von 1984/86: H. Kammerlander, S. Stehle, W. Herzog, B. Klausmann, P. Sorbini, A. Risso, B. Tenti, außer:
V. Kurtyka S. 8 (1)
F. Richter S. 5 (1), S. 6 (1), S. 152 (1), S. 156 (1), S. 161 (1)
D. Scott S. 112 (1)
V. Sella S. 154 (1)
»Tiger Tops« S. 146 (1)
»Vertikal« S. 158 (1)
H. Wiesenmeier S. 12 (1), S. 22 (1)
H. Zak S. 14 (1), S. 15 (1), S. 16 (1), S. 17 (1), S. 18 (2), S. 19 (2), S. 24 (4), S. 25 (1), S. 153 (1)
Schutzumschlag-Foto: R. Messner am Fuße des Mount Everest
Foto: N. Holguin

Alle Zitate sind aus Tagebüchern, Vorträgen, Zeitschriften und Interviews entnommen. Den Autoren dankt R. Messner ausdrücklich.

Impressum

Redaktion: H. Rochus v. Zabuesnig

Layout und Herstellung Franz Nellissen

Satz und Umschlaggestaltung: Atelier Hans Numberger, München

Lithographie: Chemigraphia Czech, München

Vorsatzkarten vorne und hinten: Karlheinz Steffel, München, unter Mitarbeit von Andreas Kubin, München (Klettergebiete).

Gesetzt aus: 10 Punkt Helvetica/10 Punkt Times, Linotype System 4

Gesamtherstellung: Mohndruck Graphische Betriebe GmbH, Gütersloh

Printed in Germany

ISBN 3-7766-1398-X

»Den Wettlauf um die schönsten Erstbegehungen könnte ich begreifen. Den Wettlauf um die meisten Achttausender-Gipfel nicht.«
(Reinhold Messner)

B. Arnold am Falkensteinwestpfeiler, (IX b), Foto: F. Richter

Gegen die Uhr für den Sponsor

»Mit Liedersingen und Edelweißfesten haben wir nichts am Hut. Wir suchen Leistung und Abenteuer«, sagen die Sportkletterer. Seit Jahren wollen einige von ihnen den direkten Vergleichskampf. An den Achttausendern werden die Aufstiegsstunden gezählt. Der Wettlauf zum Gipfel hat längst begonnen.
Vor Olympia und Weltmeisterschaft haben uns bisher nicht die Götter der Berge verschont, sondern die Sportfunktionäre. Sie waren nicht bereit, Klettern als olympische Disziplin anzuerkennen. Trotzdem wird gemessen, verglichen, gewertet. Auch Alpinisten sind Menschen.
Die Szene weiß, wer »in« ist. »Out« ist, wer herunterfällt und dabei umkommt. Er wird schneller vergessen als Willo Welzenbach, der »Bergsteigerpapst« der dreißiger Jahre, der seinen Ruhm vor allem der Tatsache verdankt, nicht rechtzeitig vom Nanga Parbat heruntergekommen zu sein.
Der Heldentod ist nicht mehr gefragt. Interessant ist, wer die »Vorsteiger« im Feld einer weltweiten Konkurrenz von Steigern sind. Was zählt, ist, wo die Besten heute stehen, oder besser gesagt, wo sie hinsteigen. So ist der Stand der Dinge.

Es hat hundert Jahre gedauert, bis das Bergsteigen eindeutig in mehrere Disziplinen zerfallen ist. Der moderne Skilauf, ursprünglich aus dem Alpinismus hervorgegangen, hat diese Entwicklung bereits vor fünfzig Jahren erlebt. Heute käme kein Mensch mehr auf die Idee, einen Abfahrtsläufer mit einem Langläufer zu vergleichen, den »Wasalauf« mit der »Streif« in Kitzbühel zu kombinieren. Ja, es gibt Slalom- und Riesenslalom-Spezialisten. Ähnlich wird es bald beim Bergsteigen sein. Der reine Sportkletterer ist vom Expeditionsalpinisten weiter entfernt als ein Sprinter vom Marathonläufer. Und die Spezialisierung geht weiter. Ob diese Entwicklung gut oder schlecht ist, bleibt irrelevant. Sie ist eine Tatsache.
Immer klarer also spaltet sich der Alpinismus in verschiedene Spielarten auf. Und diese treiben auseinander. Immer mehr und immer bessere Spezialisten trainieren für einen immer kleineren Teilbereich des Alpinismus. Die jeweiligen Top-Leute erreichen in ihrer Spezialdisziplin eine noch nie dagewesene Leistungsfähigkeit.
Durch die Impulse der Klettergenies aus allen Erdteilen – vor allem Bernd Arnold aus der DDR, John Bachar aus den USA – und eine weltweite Vergleichsmöglichkeit, ist das Können Jahr für Jahr gewachsen. Vor allem das der Felsenkletterer. Sie haben ihre eigene Sprache, ihr eigenes Training, ein ihnen eigenes Lebensgefühl entwickelt.

Die Sportkletterer sind heute eine Sekte in der Sekte der Bergsteiger. Dabei sind sie zur Zeit die absoluten Stars. Ihre ständig wachsende Popularität und eine immer größer werdende Anhängerschar beweisen es. Auch das breite Interesse an ihren Superleistungen, Rekorden, Filmen nimmt zu. »Die dadurch bedingte Hebung des allgemeinen Leistungsniveaus bleibt auch beim Spitzensport nicht ohne Resonanz«, bemerkt Wolfgang Güllich richtig.

Dieser Wolfgang Güllich ist unbestritten einer der besten Kletterer der Welt. Durch sein jahrelang systematisch betriebenes Training, sein Selbstverständnis und seine weltweiten Erfolge ist er zu einem Maßstab geworden. Wer ihn live oder im Film klettern sieht, ist begeistert. Er könnte auch Ballettänzer oder Turner sein. Hier wird Lockerheit nicht bloß behauptet. Hier ist ein Mann, der so selbstverständlich im höchsten Schwierigkeitsbereich klettert, wie ein anderer im Wald spazierengeht. Der eher kleine Pfälzer gleicht mehr einem Asphaltcowboy als dem herkömmlichen Bergsteiger. Und das, was er am liebsten tut – »herumhampeln drei Meter über dem Boden, baden, Eis essen, in der Wiese liegen, reisen zu allen Jahreszeiten« – ist die akrobatische Disziplin des Alpinismus, das Sportklettern. Diese junge Bewegung, hat nicht nur großen Zulauf, sie hat auch frischen Wind in die Szene gebracht.

W. Güllich beim Wettklettern in Bardonecchia

50.000 Sportkletterer gibt es zur Zeit in England. In Frankreich, Australien, Spanien und Südafrika verdoppeln sich deren Zahl von Jahr zu Jahr. Das steigert die Konkurrenz und fördert die Phantasie. Wolfgang Güllich wörtlich: »Die augenblicklich schwierigsten Kletterstellen wurden nur dadurch möglich, daß man sich turnerischer Elemente besann: die gezielte Nutzung von Körperträgheitsmomenten sowie von dynamisch kontrollierten Schwungformen.«
Die Vorliebe der jungen Klettergeneration für kurze, objektiv sichere Anstiege in Mittelgebirgen, die sportliche Einstellung und der damit verbundene Wille, immer höhere Schwierigkeiten zu meistern, stehen in krassem Widerspruch zum Lebensgefühl jener selbsternannten »Idealisten«, die sich den Bergen verschrieben haben, »bis in den Tod«. Der große Trainingsaufwand, die erhöhte Sturzbereitschaft werden vielfach nur falsch interpretiert. Es sind nicht reine Klettergartenspiele, die in der Sportkletterszene gespielt werden. Es geht um Ansprüche, die der eine und andere an sich selbst stellt, und bei so manchem auch ums Geld. Güllich ist ein Profi, nicht nur was sein Können angeht, auch sein praktisches Leben ist mit Klettern ausgefüllt. Er muß davon leben.

»Ich bin ausschließlich Sportkletterer. Gute Leute im Sport sind echte Arbeiter. Ich bekomme dafür nicht viel Geld. Wenn man mit dem wenigen sparsam umgeht, dann reicht es aber trotzdem. Ich führe ein schönes Leben.«
(Wolfgang Güllich)

Profis sind heute auch die meisten Höhenbergsteiger. Wer zur absoluten Spitze zählen will, muß Jahr für Jahr mehrere Erfolge liefern. Und Expeditionen kosten Zeit und Geld. Viel Geld und viel Zeit. Im Himalaja geht der Trend zudem hin zu Überschreitungen der höchsten Berge, zu Besteigungen der Achttausender in Serie. Hinzu kommen extrem schwierige Neutouren an den Sechs- und Siebentausendern. Mit den Wiederholungen begangener Routen ist es an den Weltbergen so wie in den Alpen: Was vor zwanzig Jahren noch das Schwierigste war, können heute Tausende nachsteigen.
Noch nie wurde das große Bergsteigen von der Industrie so gefördert wie heute. Himalaja- und Karakorumländer haben ihre Tore weit geöffnet. Sie wetteifern förmlich darin, wer mehr Expeditionen ausrichtet: das Tourist-Ministry in Islamabad/Pakistan; das Ministerium für Tourismus in Kathmandu/Nepal oder der CMA in Peking/China. Bergsteiger bringen schließlich Devisen ins Land. Durch die vielen Expeditionen aber sind alte Routen zu »Klettersteigen« degradiert worden, die Achttausender abgewertet.
Die erfolgreichsten Leute – Doug Scott, Voytek Kurtyka, Jeff Lowe – ziehen deshalb schwierige Routen an kleineren Bergen vor. Die Normalwege auf die großen, auch auf die höchsten, sind der Schnee von gestern. Eine Makalu-Westwand als Erstbegehung im Alpenstil allerdings zählt für mich mehr als alle Achttausender zusammen, auch wenn sie einem in einem einzigen Jahr gelingen sollten.

D. Scott

E. Loretan

Die führenden Höhenbergsteiger haben sich endgültig von den veralteten Monsterexpeditionen abgeseilt. Der Alpenstil ist selbstverständlich geworden. Was mich beeindruckt, sind Neutouren im sauberen Stil: die Seilschaft Loretan/Joos, die im Herbst 1984 die gigantische Mauer der Annapurna I überschritt. Die beiden, erfahrene Höhenbergsteiger, mit dem Achttausender-Hattrick 1983 im Karakorum bekannt geworden, stiegen über den Ostgrat auf den Mittelgipfel und weiter zum Hauptgipfel der Annapurna I, um über die Nordflanke des Berges abzusteigen. Eine grandiose Leistung! Noch 1969, als eine große Expedition, bestehend aus Sherpas und namhaften deutschen Alpinisten, diesen Grat versuchte, blieb sie in den Anfängen stecken.

Was ich heute vermisse, ist der Mut der Jungen zu neuen Routen, zu neuen Stilen an den höchsten Bergen der Welt. Wie dem Engländer Doug Scott und dem Polen Jurek Kukutschka sind nur wenigen »Himalaja-Helden« schwierige Routen an den Achttausendern gelungen. Das Wie aber muß immer vor die Zahl der Gipfel gestellt werden. Nicht wer die *meisten* Achttausender bestiegen hat, zählt, sondern wer die schwierigsten Probleme löst. Es ist leichter, an einem Tag von einem vorgeschobenen Basislager ohne Gepäck auf einen der Gasherbrum-Gipfel zu klettern, wenn die Route präpariert ist, als ohne Fremdhilfe den Fuß des Berges zu erreichen. Schwierig sind und bleiben nur Aufstiege ohne Vorgaben. In die Zukunft weisen nur Vorstöße ins Ungewisse.
Natürlich fordert diese Einstellung Kritik heraus: Joe Tasker ist mit Peter Boardman am Nordostgrat des Mount Everest verschollen. Der fanatische Franzose Nicolas Jaeger verschwand auf dem Weg zum Gipfel des Lhotse, den er in Kombination mit dem höchsten Berg der Welt überschreiten wollte. Auch der unvergleichlich starke Japaner Naomi Nemura ist tot – im Winter am Mount McKinley erfroren. Und Reinhard Karl, jener widerborstige Allroundbergsteiger aus Heidelberg, der dem deutschen Alpinismus zu weltweitem Ansehen verholfen hat. Ihn begrub am Cho Oyu eine Eislawine.
Es gibt keine Rechtfertigung für diese Tragödien. Es gibt nur die Tatsachen. Trotzdem, die unberechenbare Ungewißheit gibt es allein an neuen Routen oder mit bescheideneren Mitteln, die neue Stile notwendig machen. Wenn drei Gruppen parallel am Abruzzi-Grat des K2 arbeiten, ist es nicht verwunderlich, wenn ein konditionsstarker Bergsteiger die Gunst der Stunde nutzend in drei, vier Tagen vom Basislager zum Gipfel klettert. Verwunderlich ist nur, daß er für seine »Höchstleistung« keine neue Route wählt. Nicht wer am schnellsten über den abgesicherten Weg steigt, interessiert mich, sondern wer sich ohne sichere Rückendeckung in das größte Problem wagt. Eric Escoffier hat 1985 an den Karakorum-Achttausendern nur seine Kondition unter Beweis gestellt, seinen Mut noch nicht.

Die Westwand des Gasherbrum IV mit der Kurtyka-Schauer-Route.
Foto: V. Kurtyka

Mehr als alle Erfolge der letzten Jahre hat mich Voytek Kurtykas Versuch beeindruckt, die Westwand des Gasherbrum IV zu durchsteigen. Zusammen mit dem Grazer Robert Schauer durchkletterte er die gesamte Wand bis knapp unter den Gipfel, wobei oft nur in 80-Meter-Seillängen operiert werden konnte. Dazu brüchiger Fels! Nur wenn solche Taten richtungsweisend werden, beginnt mit der heutigen sportbetonten Generation das extreme Höhenbergsteigen. Technische Schwierigkeiten + Risiko + psychisch physische Belastung machen das Problem bei den großen Bergen aus.

»Obwohl es der schönste und geheimnisvollste Aufstieg meines Lebens war, fühle ich mich elend, weil ich den Gipfel nicht erreicht habe.« (Voytek Kurtyka)

Seit 10 Jahren, seit 1975 englische Bergsteiger unter der Leitung von Chris Bonington die Südwestwand des Mount Everest durchstiegen haben, weiß man, daß mit der richtigen Organisation am Berg alles möglich ist. Seit fünf Jahren weiß man, daß der Mount Everest auch allein ohne Maske besteigbar ist. Warum sind trotzdem wieder die organisierten Massenexpeditionen an den Achttausendern der Normfall und nicht die Seilschaft an schwierigen Wänden? Weil die vierzehn Achttausender einen Mythos darstellen, den nur ein paar Fachleute durchschauen. Jeder Sonntagsbergsteiger kann sich heute einem Himalaja-Unternehmen anschließen, wenn er bezahlt und andere machen läßt. Dabei ist für mich vor allem das Autonom-Sein einer Gruppe interessant, von der Erfahrung her interessant.
Machen nicht das Weit-weg-Sein, das Lange-Zeit-auf-sich-selbst-gestellt-Sein, die Organisationsproblematik einen wesentlichen Teil des Erlebnisses aus? Jeder muß so viel können, wenn eine Hand voll Alpinisten ein großes Problem in den Weltbergen lösen wollen. Bei den meisten anderen Sportarten sind Helfer da, die den Athleten den Weg zum Wettkampf ebnen. Bei meiner Art des Bergsteigens kaum. Auch die Finanzierung übernehmen wir selbst. Der eine jobt ein Jahr lang für eine Expedition, ein zweiter verkauft Zeitungsartikel und Vorträge, ein dritter wird sich mit einem Sponsor einig. In jedem Fall wird für einen finanziellen Vorschuß eine Gegenleistung gefordert. Für sein Geld will der Sponsor Bilder, Auftritte, dein Gesicht.

Everest-Südwestwand

Die Zukunft des großen Bergsteigens werden schnelle Lösungen schwierigster Probleme sein. Sie ist nicht mit der Durchsteigung der Masherbrum-Nordwestwand markiert, an der japanische Bergsteiger fast ein Jahrzehnt lang Seile fixierten, bis 1985 endlich einige den Durchstieg zum Gipfel schafften. Eine großartige Leistung, gewiß. In Zukunft aber werden Wände dieser Art in wenigen Tagen durchklettert werden. Nicht nur, weil es Fallschirme gibt, um schneller von den Bergen wieder herunterzukommen. Das schnelle Operieren in der Höhe ist auch ein Ausweg aus Höhenkrankheit, Schneesturm, Kräfteverfall. Wenn ich statt wie bisher viele Tage lang nur stundenlang am Berg bin, brauche ich nichts zu schleppen.
Wenn die logischen Probleme im Himalaja gelöst sein sollten – Jannu-direkte-Nordwand, Lhotse-Everest-Traverse, K2-Westwand –, steht der Alpinismus noch lange nicht vor dem Nichts. Nach der Winterbegehung aller schwierigen Wände denkt einer vielleicht an die hufeisenförmige Gratwanderung Everest-Lhotse-Nuptse oder an Serienbesteigungen in einem Klettergebiet. Dafür müssen wir nur auf Verständnis der lokalen Behörden warten, die Gruppenpermits für ganze Gebirgsketten vergeben sollten.
Was Christophe Profit im Sommer 1985 an den drei großen Nordwänden der Alpen gemacht hat, Matterhorn-, Eiger- und Jorasses-Wand an einem Tag, könnte von der Idee her in den Himalaja getragen werden. Wenn einer fähig ist, den Ballast von 200 Jahren Alpinismus im Tal zu lassen, kann er unbeschwert steigen. Wenn einer schnell, ausdauernd und sicher ist wie Profit, kann er alle bisher dagewesenen Grenzen sprengen und das Bergsteigen aus jener Krise führen, in die es der Wettkampf notgedrungen führt.

»Nach Reinhold Messners außergewöhnlichen Leistungen, aber vor allem dank der ausgefeilten Trainingsmethoden und der neuen Erkenntnisse bezüglich Ernährung, Kleidung und Ausrüstung ist die Jugend dabei, technische Rückstände aufzuholen, die alten, nunmehr überwundenen Tabus zuzuschreiben sind, wobei sie sich geschichtlich fällig gewordene Ziele steckt.« (Emanuele Cassarà)

»J. Marc Bovin hat im Winter '86 mit der zusammenhängenden Begehung von Verte-, Droites, Comtes- u. Jorasses – Nordwand an einem Tag neue Maßstäbe gesetzt.«
(Reinhold Messner)

»Ich bin kein Hellseher, aber ich denke nicht, daß das Bergsteigen ein Ende gefunden hat; es wird neue, gangbare Wege geben. Einen habe ich schon im Sinn.«
(Christophe Profit)

Die am wenigsten beachtete Spielform des Spitzenbergsteigens ist im Moment das extreme Alpenklettern. Es ist nach meiner Ansicht aber die »gesündeste« Disziplin. Mit der Vertreibung der letzten Mythen aus

der Civettawand und dem Freneypfeiler sind Könner gefragt, die mehrere große Routen an einem Tag frei solo klettern. Der klassische Alpinimus – heute weniger Ideologie und mehr Sport – findet gerade in der zusammenhängenden Wiederholung klassischer Wege eine neue Ausdrucksform – Zeit als Spielelement nicht als Vergleichsmaßstab.
Wie weit hat sich dieser Sport vom Klischee »Bergsteigen« entfernt! Der Südtiroler Luis Trenker hat knapp vor dem Ersten Weltkrieg seine letzte Erstbegehung versucht. Das war 1914 mit Hans Dülfer in der Furchetta-Nordwand in den Dolomiten. Damals waren deutschsprachige Bergsteiger weltweit die Avantgarde. Als aber in den dreißiger Jahren ein Millionenpublikum in die Luis-Trenker-Filme strömte und das Naturburschen-Klischee vom Bergsteiger entstand, war in Italien schon das Lebensgefühl des »Sesto Grado« geboren. Diese zweite Welle des sportlichen Kletterns – der ersten hat Paul Preuß 1911 mit seinem »Mauerhakenstreit« einen bleibenden Stempel aufgedrückt – hat Hias Rebitsch, der eigenwillige Tiroler, unmittelbar nach dem Zweiten Weltkrieg fortgesetzt. Es war klar, daß sich die junge Garde unter den Bergsteigern an den Rebitsch-Routen in den Laliderer-Wänden und am Fleischbankpfeiler im Wilden Kaiser zu messen hatte. Diese Schule war hart, und aus ihr ging die stärkste Bergsteigerpersönlichkeit jener Zeit hervor: Hermann Buhl.
Buhls Stil war neu, seine Alleinbegehungen waren sensationell, sein Gipfelgang am Nanga Parbat 1953 bleibt eine der Sternstunden des Alpinismus. 1957 stürzte Buhl an der Chogolisa im Karakorum mit einer Wächte zu Tode. Auch die Zeit von Buhl, Bonatti und Desmaison, die in Fels und Eis, in den großen Alpenwänden und im Himalaja grandiose Einzelleistungen vollbrachten, war bald vorbei.
»Die Tendenzen im modernen Alpinismus gehen immer deutlicher in Richtung auf sportliche Höchstleistungen. Durch professionelles Training und Vorbereitung ist der Fortschritt, vor allem im letzten Jahr, geradezu als spektakulär zu bezeichnen.« Das sagt Marc Bovin und nicht nur die Franzosen sagen es ihm nach. Er ist überzeugt davon, »daß der Tag kommen wird, da die Fou-Südwand frei und im Alleingang geklettert wird«. Einem Spezialisten könnte das gelingen.
›Spitze‹ in einer Disziplin ist heute nur, wer ganz für das eine oder andere lebt. Der italienische Starkletterer Manolo, dem es um eine eigene Dimension im Freiklettern geht, und der französische Superstar Edlinger, der das Training mit der Konsequenz eines Zen-Buddhisten betreibt, sind es im Felsklettern. Jurek Kukutschka ist ein solcher Spezialist im Höhenbergsteigen.
Die ganz große Ausnahme in dieser Hinsicht ist Eric Escoffier, der junge Franzose, der im neunten Grad ebenso sicher klettern kann wie am K2 im Karakorum, in den Alpen hat er schwierigste Routen kombiniert. Noch springt er von einer Disziplin in die andere. Escoffier ist der allseitigste Bergsteiger der jungen Generation. Er verkörpert die Hoffnung, daß es auch in Zukunft Allroundbergsteiger geben wird. Als Sportkletterer kann er sich mit den Engländern Ron Foursett und Jerry Moffat sowie dem Australier Kim Karrigan messen. Als Alpenbergsteiger steht er neben Christophe Profit, als Höhenbergsteiger will er sich nach drei Achttausender-Erfolgen schwierigeren Problemen widmen.
Zwei amerikanische Alleskönner, Jeff Lowe und John Roskelly, die die Fachleute zwischen den Rockies und dem Himalaja Jahr für Jahr in Staunen versetzen, sind zwar weniger aktiv als die Franzosen, nicht aber weniger kühn.
Woher kommt es, daß der Mann auf der Straße fünfzig Jahre nach der Zeit der großen Trenker-Filme alle Bergsteiger in den gleichen Ruck-

»Im Mont Blanc-Gebiet habe ich im vorigen April hintereinander und im Alleingang Walkerpfeiler und den Crozpfeiler an einem Tag gemacht.« (Eric Escoffier)

»Ein Sport ohne Rekord ist ein Begriff ohne Inhalt«. (Paul Preuß)

»Es soll nicht vergessen werden, daß das klassische Bergsteigen und Klettern ein Freiklettern war. Ich denke an einige österreichische Pioniere der extremen Szene in den dreißiger Jahren: an Raimund Schinko aus Graz und den Tiroler Matthias Rebitsch.«
(Hans Bärnthaler)

M. Zanolla
= »Manolo«

sack steckt? An der Unfähigkeit, uns auszudrücken und am Unwissen der Journalisten, die über unser Tun berichten.
Ich weiß, daß es die schöpferische Seite ist, die den Alpinismus von morgen tragen wird. Trotzdem verstehe ich, daß die meisten jungen Kletterer schweigen. Vielleicht auch deshalb, weil die Sprachlosigkeit dieser Jüngsten die Reaktion ist auf die abgedroschenen Phrasen meiner Klettergeneration. »Sind der jüngeren Generation die Empfindungen abhanden gekommen, oder ist es einzig die Sprache, die ihr verlorengegangen ist?« fragt denn auch Martin Schlappner in der »Neuen Zürcher Zeitung« und weiter: »Aber wo ist ein Sprachbewußtsein geblieben – etwa eines Bonatti, seiner Lyrik des Konkreten, die aus genauester Beobachtung aufsteigt; eines Rébuffat, der imstande ist, das Abenteuer des Bergsteigens als ein Abenteuer des Seelischen nachvollziehbar zu machen?« Wer nur klettert, kann auf Dauer kaum davon leben.

»Wenn man heute nach wie vor mitleidig belächelt wird, wenn man sich als Bergsteiger zu erkennen gibt, so liegt das nur an den Medien, die jede Art von Bergsport dem Laien als kompletten Schwachsinn präsentieren.« (Heinz Mariacher)

»Christophe (Profit) ist der stärkste.« (René Desmaison)

W. Bonatti

R. Desmaison

C. Profit

Eine völlig neue Einstellung zum Klettersport hat in den siebziger Jahren endgültig vom technologischen Alpinismus zurück zum Freiklettern geführt. In den Mittelgebirgen, in den Alpen, im Himalaja. Wir erleben Klettern am Fels in seiner Urform, nur in noch nie dagewesenen Dimensionen. Seil und Haken dürfen – das gilt als stillschweigende Vereinbarung zwischen den Spitzenkletterern – nur zur Sicherung verwendet werden. Niemals zum Weiterkommen. Das Sauerstoffgerät ist verpönt. Mit den Schwierigkeiten allerdings, die Jahr für Jahr gesteigert wurden, wuchs auch die Zahl der Zwischensicherungen und bald wurden Routen von oben »vorbereitet«; abgesichert, bevor sie von unten geklettert wurden. An den großen Bergen kamen Hubschrauber und feste Biwakschachteln zum Einsatz. Der Materialaufwand wuchs und damit begann eine neue Form des technologischen Bergsteigens. Dem Klettersport droht eine erneute Krise. Vielleicht führt der direkte Vergleichskampf, das Wettklettern zu einer Neuorientierung, wenigstens im Sportklettern, nachdem gerade diese Disziplin an ihrer Spitzfindigkeit zu ersticken droht.
1985 wurde in der Sowjetunion und in Japan zu Schnellkletterwettbewerben eingeladen. Ein wettklettermäßiges Treffen der Szene gab es bereits in Italien, zwei Klettertreffen fanden in Tirol statt, bei denen nicht nur geklettert, sondern auch gewertet und registriert wurde, wer wo nicht hochkam. Vielleicht gibt es 1988 schon den Weltcup-Kletter-Zirkus, der nach der Skiprofi-Saison ein halbes hundert Veranstaltungen rund um die Welt durchpeitscht. Das Interesse wäre da, es müssen nur noch klare Regeln und Sponsoren gefunden werden. Das Klettern gegen die Uhr, die Show für den Sponsor, wären damit sanktioniert. Bergprofitum total als Sport der Zukunft, so wie heute Autorennen und Boxen? Nicht mehr das Klettern an sich wäre wesentlicher Bestandteil einer solchen Veranstaltung, es wären das Zeitnehmen, Vergleichen, die Siegerliste, auch Regeln und Schiedsrichter.
Was ist nun der Grund für diese Steigerung auf allen Ebenen des Bergsteigens? Zum einen Teil ist es das intensivere Training der Top-

»Drei Disziplinen sind etwas zuviel. Man kann nicht gleichzeitig die 14 Achttausender sammeln, ›Reihenbegehungen‹ durchführen und den neunten Grad übertreffen. Auch weil der Berg kein Klettergarten ist: da stehst du eine kurze Zeit am Mont Blanc, und im Verdon wird der Stand des Freikletterns mit rasender Geschwindigkeit gesteigert. Es gelingt dir plötzlich nicht mehr, mit all dem Schritt zu halten. Ich werde mich entscheiden müssen, in drei bis vier Jahren werde ich meine Wahl treffen.« (Eric Escoffier)

R. Messner, E. Escoffier

»Wir trainieren sicher nicht weniger als Fußballnationalspieler. Wenn wir nicht im Fels sind, steht Krafttraining oder Trockentraining auf dem Stundenplan. Nicht selten kommen da sechs bis acht Stunden zusammen.«

(Wolfgang Güllich)

»Die Spitzenbergsteiger entwikkeln in ihrem Bereich im Zusammenhang mit Können und Leistungsfähigkeit viel Phantasie. Im Basisbereich des Bergsteigens ist die Phantasie aber nicht besonders ausgeprägt. Die Folgen davon: Moderouten, überfüllte Hütten, Herdenbergsteigen.«

(Horst Schindlbacher)

Leute, zum anderen eine verbesserte Ausrüstung und eine weltweite Vergleichsmöglichkeit. Es sind tausende, die heute stärker sind als vor zwanzig Jahren die Besten. So hat diese Aktivität Bergsteigen alle früheren Grenzen gesprengt. Wer im oberen Schwierigkeitsbereich Erfolg haben will, muß täglich stundenlang trainieren. Die Spitze der großen Pyramide der Alpinisten unterliegt einem Leistungswillen, der noch nicht von außen – schon gar nicht von Vereinsfunktionären – gelenkt wird. Die Wirtschaft finanziert sie. Dabei unterliegt die wirtschaftliche Teil der Bergsteigerei den Marktgesetzen von Angebot und Nachfrage. Marktschreier haben meist nur einen kurzfristigen Erfolg, verläßliche Könner längerfristige Verträge. Trotzdem, reich kann mit dem Klettern noch keiner werden. Spitzenbergsteigen ist zwar spektakulär, trotzdem läßt es sich nicht so gut vermarkten wie Tennisspielen oder Skifahren. Vermarkten lassen sich höchstens seine Abfallprodukte, unsere Erfahrungen. Auch Führung und Organisation.

Patrick Edlinger, ein Ästhet unter den kletternden Athleten, ist Profibergsteiger, seit seinem 17. Lebensjahr verbringt er seine Zeit ausschließlich mit Klettern oder in den Bergen. Sein Geld verdient er mit Werbeverträgen und Filmen. Ihm gebe ich mehr wirtschaftliche Überlebenschancen als all jenen, die beim Wettklettern auf Sieg und Sponsoren setzen.

Ja, Bergsteigen allein reicht nicht für eine große Alpin-Karriere. Es gehört mehr dazu. Damit meine ich nicht den Redakteur, der dir einen Bestseller bastelt, auch nicht die Manager, die dich vermarkten. Es gehört Authentizität dazu, die Fähigkeit zur Selbstäußerung und der Drang, ganz aus sich herauszugehen. Die Spitze, die Avantgarde bilden die, die ihren eigenen Weg gefunden haben und der Konkurrenz um eine Nasenlänge oder um zehn Jahre voraus sind, wie seinerzeit Hermann Buhl oder Walter Bonatti. Wiederholer, auch die schnellsten, gehören nicht in die Formel 1 des Alpinismus.

G. Markl in der Makalu-Südwand, Himalaja

S. Glowacz in »Micha« (8a), Verdon. Foto: U. Wiesenmeier

Lust statt Idealismus

Warum geht einer an die Grenze seiner Leistungsfähigkeit? Vielfach aus denselben Gründen, weshalb jemand überhaupt Leistung sucht: Aus Ehrgeiz, aus Eitelkeit, aus Lust. Wenn die Grundbedürfnisse des Lebens befriedigt sind, bleibt uns Kraft und Zeit zu spielen – unsere Energien, unsere Ideen, unsere Fähigkeiten auszuspielen. Wer dabei die größten Forderungen an sich selbst stellt, sucht seine Leistungsgrenze. Das bringt ihm auf *einem* Gebiet – in der Kunst, im Sport, in der Politik –, vielleicht Ruhm, auf einem anderen Gebiet – in der Industrie, im Handel, in der Technik – mehr Geld. Vielfach erntet er beides. Vor allem aber erntet er Selbstbefriedigung, Selbstwertgefühl, Lebenslust. Ich persönlich glaube nicht, daß Hoffnung auf Ruhm und Geld auf Dauer ausreichen, einen Menschen bis zur persönlichen Leistungsgrenze zu fordern. Auch sind mir Leute zuwider, die sich »aufopfern« – für die Familie, für die Firma, für einen Verein – für was auch immer. Wer als Leistungsmensch nicht mit Begeisterung an seinem Platz steht, steht am falschen Platz. Ich stelle das Lustprinzip über jeden Idealismus! Allerdings kann ich die idealisierenden Phrasen nicht aus den Köpfen der Menschen holen, ich kann sie nur durcheinanderbringen.

»Ich habe nie darüber gejammert, nicht auf die Berge steigen zu können. Ich konnte in die Berge gehen und bin in die Berge gegangen.«
(Reinhold Messner)

R. Messner in den Dolomiten

»Oft habe ich nicht einmal mehr einen einzigen Quadratmeter für mich, wenn ich in den Baierbrunner Klettergarten vor den Toren Münchens gehe. Ich habe deshalb auch gar nichts gegen künstliche Kletterwände.«
(Sepp Gschwendtner)

»Die Amerikaner lassen sich nicht einengen von dem Korsett Alpinismus, das uns die Luft zum Atmen abzuschnüren droht.«
(Hans-Martin Götz)

S. Gschwendtner in »Nagel mit Kopf« (9+), Kochel.
Foto: H. Zak

In einer dritten Welle der Erneuerung des Kletterns, die in den endsechziger Jahren durch eine Rückbesinnung auf Paul Preuß und Impulse aus der jungen kalifornischen Kletterszene angeregt wurde, sind sportliche Elemente dazugekommen. Das Leistungsniveau wurde innerhalb von zehn Jahren enorm gesteigert. In allen Disziplinen. Am meisten im Sportklettern. Trotzdem gelten diese Sportkletterer für viele als Außenseiter in der Schar der Bergsteiger. Der Laie kennt den Unterschied zwischen dem 10. Grad und dem Matterhorn nicht.

Die in den Klettergärten und Mittelgebirgen trainierenden, konditionsstarken und erfahrenen Bergsteiger beweisen ihre Leistungsfähigkeit vor allem durch Schnelligkeit. Das Interesse von außen nimmt zu. Wenn Christophe Profit im Winter an einem Tag durch die Eiger-Wand steigt, ist das Fernsehen live dabei.

Hoggar-Gebirge in der Sahara

»Das einzig Wahre ist die Professionalität. Mein Leben dreht sich fast ganz um das Bergsteigen. Der Berg ist zu 80 Prozent Teil meiner Gedanken und meines Tuns.«
(Christophe Profit)

S. Glowacz in »Problem« (10–), Oberau. Foto: H. Zak

»Vor 15 bis 20 Jahren – und ich sage das nicht, um ›zu meiner Zeit‹ zu sagen – gab es vollgültige Werte, die heute am Verblassen sind; das Kämpfertum; der Gesichtspunkt des Unmöglichen, das bezwungen werden soll; die letzten großen Unternehmen von Cozzolino und Messner, nur um ein paar Beispiele aus dem beschränkten Rahmen der Dolomiten zu nennen. Das gibt es heute nicht mehr. Das Klettern, das eine vom Bergsteigen ziemlich unterschiedliche Tätigkeit ist, wird zur Alltäglichkeit. Heute besteht das Ziel des Kletterns darin, mit sportlich-sauberen Mitteln eine Wand zu durchsteigen, ohne Zuhilfenahme von künstlichen Mitteln, die nicht zum Körperbau oder zur Felsstruktur gehören. Das ist ausgezeichnet, trotzdem ist auch eine andere Sache zu berücksichtigen: Wenn eine Wand früher als fast unüberwindlich galt, dann setzt du es jetzt schon als sicher voraus, daß man sie durchsteigen wird. Das Problem besteht darin, sie richtig zu durchsteigen, nach den Grundsätzen des Free-climbing.«

(Alessandro Gogna)

»Freiklettern ist ein Sport wie jeder andere«. (Heinz Zak)

A. Watts in »East Face of Monkey Face«, 5.13 d, Smith Rocks, Oregon, USA. Foto: H. Zak

»Hier entstand, losgelöst von der strengen, oftmals die Kletterentwicklung hemmenden Ethik anderer Regionen, ein eigenständiger Stil, der vor allem von den gebietsspezifischen Gesteinseigenarten geprägt wurde.« (Allan Watts)

»Es geht nicht darum, den Berg zu bezwingen oder immer schwierigere Passagen zu suchen. Wenn ich gewollt hätte, man hätte mich zu riskanten und … einträglichen Unternehmungen verpflichtet. Mich interessierte weder Geld noch Ruhm. Anderseits suche ich nicht das Risiko um des Risikos willen, auch wenn laut Aussage von einigen diese Vorsicht das Schauspiel gefährden würde. Die Natur hat mir Augen und ein Gehirn gegeben: es wäre dumm, sie herauszufordern, wenn man die Möglichkeit hat, das Risiko zu berechnen. Ich habe nicht das Recht, nach Gutdünken über mein Leben zu verfügen, ich muß auf die Familie und auf die Freunde Rücksicht nehmen.« (Patrick Berhault)

»Freiklettern ist dies nicht, obwohl sie ohne Zuhilfenahme von künstlichen Hilfsmitteln aufsteigen und sich nur mit den Händen und Füßen festhalten. Sie sind gut gesichert, mit einem starken Seil. Sie tun gut daran, sehr gut. Sie erzielen außergewöhnliche Ergebnisse.« (Riccardo Cassin)

»Wo reisen wir heute nicht überall hin, um zu klettern!«
(Reinhold Messner)

H. Zak in »Babylon«, 5.12d, Donner Summit, Cal., USA. Foto: H. Zak

»Es muß jedem unbenommen bleiben, für sich selbst das Bergsteigen zu betreiben, wie ihm Lust und Laune eingeben, solange es nicht die Allgemeinheit – z. B. durch dauernde Verunstaltung des Felsens – schädigt.«
(Rudolf Fehrmann)

»Mitten durch die pralle, abweisende Talseite eines freistehenden Turmes, die einzig mögliche, asketische Linie, im momentanen klettertechnischen Grenzbereich emporzuziehen, das muß die Idealisierung des sportlichen Freiklettergedankens sein. Eine solche besondere Situation weckt die allerhöchste Motivation – sie konzentriert alle Energien nur noch auf ein Ziel. Die vier extremen Boulderpassagen zu einem einzigen Bewegungskomplex zu verbinden, schien anfangs völlig aussichtslos. Der ökonomisierende Faktor in der Bewegung und die immer präzisere, flüssigere und konzentriertere Anwendung moderner Kletterkoordination sind der Schlüssel zum Erfolg.« (Wolfgang Güllich)

K. Carrigan in »Serious Joung Lizards«, Mt. Arapiles, Australien. Foto: H. Zak

M. Scheel in »Fingernickin'«, (8–), Moonarie, Australien. Foto: H. Zak

Wenn man diesem Wolfgang Güllich zusieht, so ist es, als veralbere er die Gesetze der Schwerkraft. Allein darum geht es ihm aber nicht. »Ich würde niemals im leeren Raum klettern; auf keinen Fall an Beton.« Mit diesen klaren Sätzen und seinen unübertroffen schweren Erstbegehungen straft Güllich die Gralshüter des Blut-und-Boden-Alpinismus Lügen, die ihm und seinem Tun die Existenzberechtigung am liebsten absprechen würden. Sie wollen nicht wahrhaben, daß an ihrem »heiligen« Felsen Sport betrieben wird, »ordinärer Sport«.

»Als endlich nach der Vorarbeit von einigen Tagen der gesamte Durchstieg gelingt, ist ein neuer Schwierigkeitsbereich (32) und ein persönlicher Schwierigkeitsrekord realisiert. Aber wie hart erzwungen dieser Sieg war, ist mit Worten schwer zu beschreiben. ›Nach dem Koitus ist jedes Lebewesen traurig‹.« (Wolfgang Güllich)

»Und so folgen dem Aufbäumen in fanatischer Kletterleidenschaft, Tage totaler körperlicher und geistiger Erschöpfung. Dies ist kein Grund zur Beunruhigung, sondern ein ganz normaler Prozeß des alltäglichen Lebens. Der Anstrengung folgt die Ermüdung, und der Erholung die Anspannung.« (Wolfgang Güllich)

W. Güllich in »Punks in the Gymn«, (10), Australien. Foto: H. Zak

»Tatsächlich stieg das Kletterniveau in anderen Teilen der Welt deutlich schneller an als in den bekannten Modegebieten der USA.« (Allan Watts)

M. Scheel in »Great Woll«, in Moonarie, (7–8 +), Australien. Foto: H. Zak

F. Oppurg mit
Sauerstoffgerät
am Mount Everest.

»Ob einer fünfzehn Minuten mehr oder weniger braucht, um irgendwo hinaufzusteigen, was heißt das schon?« (Sir Edmund Hillary)

Broad Peak von Nordwesten, Karakorum.

Masherbrum von Norden, Karakorum

Annapurna von Süden, Himalaja.

»Die Gefahr bei der Sportkletterei besteht darin, daß reine Klettergartenspezialisten von heute auf morgen ins Gebirge gehen und dort an den objektiven Gefahren scheitern. Es fehlt ihnen oft alles Orientierungsvermögen; sie haben meist keine Ahnung vom Standplatzbau; oft ist es schon zu spät, wenn sie merken, daß der Magnesiabeutel allein nicht viel hilft.«

(Hans Kammerlander)

Die Wiederholung gelöster Probleme auf Zeit ist nach der »Eroberung« fast aller Wände und Gipfel nicht der einzige Ausweg. Sie ist eine Variante, die eindimensional und langweilig werden muß. Vielleicht beeindruckt sie einen Sponsor, die alpine Fachwelt kaum. Andererseits macht Schnelligkeit ein Bergsteigen möglich, an das gestern noch niemand gedacht hat. Sie macht das Bergsteigen auch sicherer. Wenigstens für den, der es kann.

»Zu den Scharlatanen: Es wird nirgends so viel gelogen wie beim Bergsteigen. Fußballspieler haben Zuschauer, beim Laufen gibt's Uhren. Wenn man beim Bergsteigen im ›hintersten Eck‹ war, kann man Begebenheiten verkaufen, die nicht der Realität entsprechen.«

(Sepp Friedhuber)

»Als Spitzenbergsteiger mögen sich alle jene bezeichnen, die das scheinbar Unmögliche möglich gemacht haben. Alle, die das Mögliche für sich möglich machen, das für andere schon lange möglich war, die dürfen sich doch nicht als Spitzenbergsteiger bezeichnen.«

(Sepp Friedhuber)

Wettkampf im Abenteuer kann niemals in Zahlen – wer hat die meisten Achttausender gemacht? Wer war der Schnellste? – ausgedrückt werden. Zahlen vulgarisieren das Abenteuer, erfassen können sie es nie.
Seit während der Sommer-Monate in Concordia im Karakorum ein Hubschrauber steht, sind die Abenteuermöglichkeiten dort geschrumpft. Ähnlich wie in der Eiger-Nordwand. Die Existenz des Hubschraubers macht das Bergsteigen sicherer, aber auch »kleiner.«

»Ich wollte ein großer Turner sein. Leidenschaftlich widmete ich mich dem Geräteturnen. Ich nahm an Wettkämpfen teil, ich war, wie man so sagt, eine junge Hoffnung. Dann gab es plötzlich einen Unfall, ein Handgelenk, das versagte, das nicht mehr richtig würde. Nein, das Klettern war keine zwingende Wahl.« (Eric Escoffier)

Wasserfallklettern im Karwendel.
Foto: U. Wiesenmeier

Cerro Torre und Fitz-Roy-Gruppe in Patagonien.

»Es macht keinen Sinn, ein Klettergebiet in eine Felsarena zu verwandeln.« (Giancarlo Grassi)

Kathedrale, Karakorum.
Felsarena von morgen.

Einstiegsmarkierung

Das Bergsteigen erlebt einen Boom: in Japan, Europa, Südafrika. Allein in Südkorea gibt es 200 000 Kletterer, dazu 3 000 000 Berggeher. Und überall zerfällt das Bergsteigen heute in mehrere Sparten: Sportklettern, Höhenbergsteigen, Bergwandern und den klassischen Alpinismus. Sekten in der Sekte.
Franzosen waren es, die mit der Kombination der größten Touren in den Alpen ein erstes Signal gesetzt haben. Drei Freney-Routen an einem Tag, Fou- und Dru-Wand hintereinander. Das Spiel von morgen könnte »Kombinieren« heißen – im Himalaja, in den Anden, in den Alpen.

»Vielen jungen Stars geht es darum, herauszuragen aus der Masse der Sportler. Sie wollen sich durch ihre Taten ausdrücken, sie wollen nicht provozieren. Sie wollen Bewunderung und sie ernten Bewunderung. Bewegen können sie wenig dabei. Ihre Anregungen beschränken sich auf den rein sportlichen Bereich. Oft ist es zudem so, daß sie erst dann merken, wie verloren sie sind, wenn sie einsam aus der Masse herausragen, beklatscht, aber nicht verstanden werden.« (Reinhold Messner)

H. Kammerlander in der Amerikaner-Route am Fitz-Roy, Patagonien.

P. Gschwendtner in »Luftschloß«, (9 +), Altmühltal, BRD.
Foto: H. Zak

P. Gschwendtner in »Atlantis«, (9), Kochel, BRD.
Foto: H. Zak

C. Destiville, Siegerin von Bardonecchia.
(S. 25, l. oben)

J. Knapp in »Kachoong« (7), Mt. Arapiles, Australien.
Foto: H. Zak
(S. 25, r. außen)

»Laut Antoine Lemenestrel gibt es in Frankreich augenblicklich etwa 20 Führen, die einem deutschen X. Grad entsprechen.«
(»Der Bergsteiger«)

»Mit steigender Leistungskurve und der psychischen Stärkung durch die vier schwierigsten Routen (Masada 30; Ethiopia 29; India 29; Lets have Feelings to 28) wuchs der Wunsch bis zur Besessenheit, mich nun an dieser Route zu versuchen. Tatsächlich hatte ich vorher noch nie ein Sportkletterziel von vergleichbarer Schönheit gesehen.« (Wolfgang Güllich)

W. Güllich in »Let's Have Feelings Too«, (9), Australien.
Foto: H. Zak

Führend im Alpinismus sind zur Zeit einige Franzosen, ein paar Schweizer und Spanier, die mit ihrer positiven Grundeinstellung glaubhaft Spaß am extremen Bergsteigen vermitteln und dabei Schritte wagen, die gestern noch nicht machbar waren.

»Bardoneubia war eine ansprechende Initiative. Mit den angewandten Kriterien bin ich nicht einverstanden. Die ersten Wettkampfteilnehmerinnen waren denen gegenüber benachteiligt, die später kletterten. Ob es richtig ist, Wettkämpfe zu veranstalten? Früher oder später mußte es ohnehin soweit kommen.«

(Catherine Destiville)

R. Messner am Dhaulagiri, Himalaja

»Der Himalaja ist bei weitem nicht so erschlossen wie die Alpen. Deshalb verstehe ich nicht, daß alle auf die leichten Achttausender-Routen losstürmten. Mehr als 90 Prozent der klassischen Himalaja-Probleme sind noch nicht gelöst.«
(Reinhold Messner)

Gasherbrum IV, Karakorum.

»Gasherbrum IV-Westwand. Leider, leider. Nach der ganzen Wand sind wir nicht zum richtigen Gipfel gekommen. Vier Tage ohne Essen und drei Tage ohne Trinken – am Ende habe ich schöne Musik gehört.« (Voytek Kurtyka)

Makalu von Westen (oben) und Mt. Everest von Osten (unten). Himalaja.

Es ist höchste Zeit, den leeren Worten und Werten des Alpinismus die Realität entgegenzustellen. Die landläufigen »Ideale« dürfen abstürzen, Gegenwerte sind im entstehen. Diese werden wachsen, wenn übermorgen junge Männer wie Profit und Escoffier das tun, was heute noch als Wahnsinn gilt.

Dhaulagiri ’84

»Die Gruppe ist zu groß und keiner klettert mit vollem Einsatz. Es ist so, als wolle sich keiner verbrennen.« (Hans Kammerlander)

Die Dhaulagiri-Expedition im Frühling 1984, zu der mich Wolfgang Nairz eingeladen hat, soll auch eine Bergtour unter alten Freunden sein. Mit Nairz bin ich 1972 am Manaslu, 1974 am Makalu, 1978 am Mount Everest und 1979 am Ama Dablam gewesen. Wir haben schöne Erfahrungen miteinander geteilt.
Diesem Dhaulagiri-Unternehmen aber fehlt von Beginn an der Schwung. Als hätten wir uns zu wenig vorgenommen. Auch harmoniert die Mannschaft nicht. Rudi Mayr ist ein tönender Fremdkörper unter einer Reihe erfahrener Bergsteiger. Es wird nur versucht, niemand entwickelt eine klare Strategie für die gegebene Expeditionsproblematik.

Dhaulagiri von Süden, Himalaja.

Dhaulagiri-Nordostsporn, Mittelstück, Himalaja.

Den Gipfel versagt

Bis vor wenigen Stunden war das Wetter phantastisch. Wir sind sehr schnell vorangekommen. Wir waren sicher, vielleicht zu sicher, den Gipfel zu erreichen. Er schien zum Greifen nahe.
Jetzt, in der Nacht, schlägt das Wetter um. Mit den hohen Wolken, die kommen, verfliegt unsere Sicherheit. Für ein zweitklassiges Ziel ist der Einsatz zu hoch.
Hans Kammerlander und ich haben zwar mit der Idee gespielt, den Dhaulagiri zu überschreiten, jetzt aber sehen wir nicht einmal am Südostgrat eine konkrete Aufstiegschance. Bei den wiederholten Aufstiegen ist uns die Motivation abhanden gekommen.
Der Normalweg am Dhaulagiri, dazu in der klassischen Expeditionsform, ist ein zweitklassiges Ziel. Es ist plötzlich undenkbar, in dieser Höhe, in der die Gehirnzellen absterben, in der Lungenödeme und Erfrierungen drohen, länger zu bleiben. Der Körper ausgelaugt, die Sinne stumpf, müssen wir aufgeben, absteigen, endgültig scheitern.
Nach drei Anläufen ist mein Wille gebrochen. Ich denke nicht mehr an den Aufstieg, nur ans Zurück. Lawinen und schlechtes Wetter sind keine Ausreden, sie sind Realität. Trotzdem wären wir keine Draufgänger, wenn wir blieben. Die klettertechnischen Schwierigkeiten über uns sind nicht groß. Unser Einsatz auch nicht. Nicht mehr. Wir alle, die wir im höchsten Biwakzelt kauern, sind Mitglieder dieser Expedition, also Mitläufer. Die Frustration des Scheiterns packt uns nur teilweise. Sie packt auch mich nicht, noch nicht. Wäre ich Expeditionsleiter, stünde mehr auf dem Spiel. Im Moment denke ich nicht an die Folgen, nur an das Tal.
Eine solche Himalaja-Expedition muß sich selbst finanzieren. Was ein Erfolg einspielt, stecke ich in eine neue Idee, in eine neue Expedition. Ich finanziere meine Unternehmen aus der freien Wirtschaft, mit Sponsor- und Mediaverträgen, Vorträgen, Büchern. Leider will von einer gescheiterten Expedition weder das Fernsehen noch ein Sponsor etwas wissen. Für die Geschichte eines Rückzugs ist es auch schwierig, einen Verleger zu finden. Dabei sind die Erfahrungen des Scheiterns oft wesentlicher als die des Erfolgs.

»Mit jedem Unterwegssein muß ich einen Sinn darin erst finden. Ich laufe keinem Ideal mehr nach.« (Reinhold Messner)

»Jeder, der sich in Gefahr begibt, ist letztendlich selbst für sich, seine Gesundheit und sein Leben verantwortlich.« (Sepp Gschwendtner)

H. P. Eisendle

»Es gibt derzeit einen verschobenen Stellenwert im Alpinismus: Die Überbewertung der Besteigung eines Achttausenders auf dem Normalweg gegenüber einer wirklich schwierigen Kletterei in den Alpen zum Beispiel.«
(Edi Koblmüller)

F. Mutschlechner

Trotzdem ist diese Expedition keine Heldengeschichte. Sie ist ein Beweis für meine Vernunft, gewiß, aber auch für meine Schwäche. Ich kenne mein Schicksal, und ich will nicht, daß um mein Leben Legenden entstehen. Jetzt, im Zelt, zwischen Erfolg und Scheitern, schreibe ich dagegen an. Ich schreibe an gegen die Feigheit in mir, auch gegen jenes Idealisieren, das andere für mich übernehmen möchten. Ich wehre mich gegen Gdanken, in denen der Verzicht zum »Sieg« hochstilisiert wird. Der freie Wille kommt mir hier oben abhanden, wie die Bereitschaft zum Risiko. Ich habe Angst und lasse mich von ihr abwärts zwingen. Dieses Scheitern ist ein stetes Nachgeben, ein Aufgeben all meiner Stärken.

Der Sturm bläst mit 100 Stundenkilometern über das winzige Zelt. Es ist Nacht und eisig kalt. Temperaturen um 35 Grad minus herrschen hier oben in 7500 Meter Höhe. Wir sind knapp 700 Meter unter dem Gipfel des Dhaulagiri. Alle vier liegen wir eng zusammengerückt im Zelt. Wie die Sardinen. In den Schlafsäcken das Gefühl von kalter Nässe. Hans Kammerlander, Hans Peter Eisendle, Friedl Mutschlechner und ich hatten eines gemeinsam: Wir wollten auf diesen Achttausender. Im Sturm aber ist unser Wille nur noch ein halber Wille. Mit unserer Atemluft wärmen wir uns zwar gegenseitig, mit unserem Stöhnen aber und Zweifeln nehmen wir uns Stück für Stück von jener Selbstsicherheit, die uns bis hierher »getragen« hat.

Es ist Jahre her, daß ich mich das letzte Mal einer Expedition angeschlossen habe. Seit dem Aufstieg zum Mount Everest-Gipfel ohne Maske habe ich es vorgezogen, meine eigenen Expeditionen zu organisieren. Dabei suchte ich immer, ausgefallene Ziele in meinem Stil zu verwirklichen. Das Scheitern war miteinkalkuliert. Diesmal aber, bei einem »Ausflug unter Freunden« zum Dhaulagiri bin ich sicher gewesen, wenigstens bis zum Gipfel zu kommen. Sicher hat mich dabei auch der Hintergedanke verlockt, einen Achttausender abzuhaken.
Die Achttausender sind deshalb für das große Publikum so interessant, weil es nur 14 davon gibt. Auch weil sie seit bald einem Jahrhundert von einem geheimnisvollen Nimbus umgeben sind. Heute, da leichte Achttausender-Wege von Reisebüros als Urlaubstouren angeboten werden, tragen vor allem die unerfahrenen Akteure zu einer neuen Mystifikation bei. Einerseits, weil sie ihre »Anstürme« mit denen aus den fünfziger Jahren vergleichen oder weil sie ihre Führungstouren neben Pioniertaten wie Soloaufstiege oder Winterbegehungen im Alpenstil stellen. Der Massenansturm auf die Achttausender hat das Bergsteigen im Himalaja nicht entmystifiziert, er hat es vulgarisiert.

Gegen vier Uhr morgens beginnt es zu schneien. Und der Sturm tobt mit unverminderter Härte, treibt den Schnee durch die Zeltwand ins Innere. An Schlaf ist nicht zu denken. Wir reden nur noch über unsere Ängste. Friedl klagt über Nierenschmerzen. Kolikartig fallen sie ihn an. Hans Peter, der mit dem Kopf nach außen, zum Abgrund hin liegt, hat die ganze Nacht über kein Auge zugemacht. Mir selbst ist vom krummen Liegen der Rücken starr. Nur Hans scheint erholt zu sein, wenn man seinen Mut, einige Tage hier auszuharren, als Beweis dafür nehmen darf. Nein, gut geht es uns allen vieren nicht.
Schon am Vortag haben wir uns zum Zeltplatz geschleppt wie alte Männer. Als dann Sturm aufkam und das Zelt immer noch nicht stand, begannen die Ängste. Die Angst, nachts aus der Wand geblasen zu werden; die Angst zu versagen; die Angst, bei der Gipfelbesteigung

von Lawinen verschüttet zu werden; die Angst, im Schneetreiben die Orientierung zu verlieren.
Jetzt zweifelt jeder, ob die Kraft reichen wird, heil wieder hinunterzukommen. Meine Füße sind wie Eisklumpen. Ich habe mir schon 1970 am Nanga Parbat sieben Zehen angefroren. Wenn ich als Invalide bis heute weitergemacht habe, heißt das nicht, daß ich bereit bin, weitere Amputationen zu riskieren.
Als es endlich zu dämmern beginnt, ist das Wetter unverändert schlecht. Wir sind in einem Entscheidungsnotstand. Jeder weiß: Unter diesen Bedingungen können wir nicht auf den Dhaulagiri. Das wäre glatter Selbstmord. Aber morgen, übermorgen? Die allesentscheidende Frage, die gleich beantwortet werden muß heißt: abwarten oder absteigen?

»Das Risiko muß hoch genug bewertet werden. Dem Sportklettern fehlt es fast ganz.«
(Hans Kammerlander)

Innerhalb von wenigen Wochen ist das der dritte Versuch, bis zum Gipfel zu kommen. Beim ersten waren wir vier schon im Lager II auf 6400 Meter Höhe steckengeblieben. Der Sturm hatte eine zwei Meter dicke Neuschneedecke über die Zelte geblasen. Wenn ich jetzt an die beiden Nächte dort unten denke, wundere ich mich, daß wir noch leben, daß wir weitergemacht haben. Immer wieder sind wir damals nachts aus dem Zelt gekrochen, um es auszuschaufeln. Einmal weckte Friedl Hans und Hans Peter in ihrem Zelt, weil wir Angst hatten, die beiden würden ersticken; einmal weckten sie uns, weil unsere Behausung völlig zugeweht war. Nach der zweiten Nacht, als es aufriß, wollte keiner mehr nach oben. Unten nur konnten wir das Überleben feiern, das Weiterleben auskosten.
Beim zweiten Versuch haben wir oberhalb von Lager I wegen Lawinengefahr aufgeben müssen. Plötzlich ging ein leises Knacken durch die knietiefe Schneedecke. Damit hatte auch unsere »Moral« einen Riß. Alle vier blieben wir stehen. Wir sahen uns gegenseitig an wie aufgeschrecktes Wild, das die Gefahr zu nahe spürt, um zu fliehen. Keiner sagte ein Wort und keiner ging weiter. Im Hang war nur ein fingerbreiter Riß, in unserem Mut ein irreparabler Knacks. Für diesen einen Versuch reichte er nicht mehr aus.

Schneesturm am Dhaulagiri.

Verschüttetes Lager (II) am Dhaulagiri.

»Zum Sport gehören Sieger. Zum Berg gehören lebendige Menschen.« (Reinhold Messner)

F. Mutschlechner beim Abstieg vom Dhaulagiri-Nordostsporn.

K. Renzler

Aller guten Dinge sind drei. Wir haben es nochmals versucht. Und wie es scheint, haben wir wieder kein Glück.
Wir überlegen fieberhaft, was wir tun sollen. Ich will zunächst mit Hans Kammerlander noch einen Tag hier oben abwarten. Die beiden anderen wollen absteigen. Durch unsere Entscheidung bringen wir sie in einen inneren Konflikt. Friedl gehört zu meinen besten Freunden, er weiß, wann Durchhalten zum Durchdrehen wird. Er ist krank, er muß hinunter – und wir mit ihm.
Gegen acht Uhr morgens steht unser Entschluß fest. Absteigen! Bei nur zwei Meter Sichtweite kriechen wir an den fest verankerten Seilen, die wir früher angebracht haben, bergabwärts. Keiner kann den anderen sehen, während wir über Felsen stolpern, uns durch bauchtiefen Schnee quälen. In Lager II treffen wir uns schließlich wieder, wärmen uns mit einer Tasse Tee auf und steigen ins Lager I ab, wo wir auf den Rest der Expeditionsmannschaft stoßen, den Expeditionsleiter Wolfgang Nairz, auf Rudi Mayr, Robert Alpögger und Konrad Renzler.
Hier wird der endgültige Schlußstrich unter das »Unternehmen Dhaulagiri« gezogen. Vielleicht etwas voreilig, aber ohne Reue. Die zweite Seilschaft unter Nairz hätte den Gipfelsturm wagen sollen, wenn wir Erfolg gehabt hätten. Da wir scheiterten, wissen die anderen, daß auch sie keine Chance haben würden. Gemeinsam steigen wir ins 4700 Meter hoch gelegene Basislager ab.

»Die Berge in ihrer erhabenen Schönheit und Wildheit bilden eine äußerst telegene *Kulisse zur Darbietung athletisch-akrobatischer Schaustellungen.«*

Hansjörg Abt

Rückzug in Nebel und Schneetreiben am Dhaulagiri.

H. Kammerlander, H. P. Eisendle und F. Mutschlechner beim Rückzug am Dhaulagiri.

Am nächsten Tag sehen wir, wie das Wetter aufklart. Meine Zweifel sind groß. Haben wir das Richtige getan? Hätten wir oben warten sollen?
Die Entscheidung ist gefallen. Jetzt ist es zu spät, sich mit Selbstvorwürfen zu quälen, sich zurückzusehnen. Hinauffliegen zum Umkehrpunkt können wir nicht. Unsere Energien sind verbraucht. Der Abstieg ist anstrengend gewesen und voller Gefahren. Wir haben nicht die Kraft, nicht die Begeisterung, es von ganz unten noch einmal zu versuchen.
Ist der Dhaulagiri mein Schicksalsberg? Schon sieben Jahre vorher – 1977 – habe ich vergeblich versucht, diesen gewaltigen Achttausender zu besteigen. Damals versuchte ich es über die schwierige Südwand.

In der ersten Steilstufe, Umgehung der »Eiger-Wand« am Dhaulagiri.

Diese Wand ist mörderisch. 4000 Meter hoch, von riesigen Lawinen bestrichen. Wir hatten Mühe, bei einem schüchternen Versuch heil aus der Wand herauszukommen. Wie diesmal war auch damals die Einsatzbereitschaft zu klein gewesen. Von Anfang an. Das erste Mal wegen der zu hohen Risiken an einem erstklassigen Ziel, das zweite Mal wegen des Begeisterungsschwundes an einem zweitklassigen Ziel.
Ich habe es gelernt, die Gefahren am Berg zu respektieren – die objektiven und die subjektiven, die meiner Schwäche zuzuschreiben sind. Trotzdem wirft man mir vor, ich hätte keinen Respekt vor den Bergen. Ausgerechnet Halbschuhtouristen, die am Wochenende von Jausenstation zu Jausenstation wandern, unterstellen mir Respektlosigkeit! Und Luis Trenker natürlich. Wer, frage ich, sollte mehr Respekt vor den Bergen haben als ich. Ich habe sie erlebt, ich habe Jahre dort oben zugebracht, Monate im Sturm, Stunden zwischen den Lawinen. Wie viele hundert Nächte saß ich im Biwak, während meine Kritiker im warmen Bett schliefen. Vielleicht haben sie von den Gefahren geträumt, die ich respektiere. Ich habe sie erlebt.
Diskussionen dieser Art um das Klettern, besonders das Himalaja-Bergsteigen, bringen nicht viel. In den meisten Fällen gar nichts. Das einzige, was zählt, ist die eigene Tat. Nur Erfahrungen daraus bringen einen weiter.

Am 14. Mai kommen wir vom Dhaulagiri herab ins Kali-Gandaki-Tal. Die Gipfel in Wolken, die hohen Bergflächen darunter im Schnee, das Flußbett grau. Da unten die ersten grünen Oasen, Dörfer.
Es ist stürmisch. In Böen reißt der Talwind den Sand vom Weg und wirft ihn weit vor sich in die Luft.
Hans und ich gehen seit dem frühen Morgen, bald auf-, bald abwärts, bald quer zum Hang. Oft laufen wir gerade die Steilhänge hinab. Müdigkeit spüren wir erst, als wir uns in Tukche in ein Rasthaus setzen und ein Bier trinken. Das erste seit sechs Wochen.
Wir sind östlich vom Dhaulagiri, über Franzosen- und Dhampus-Paß, abgestiegen, um so schnell wie möglich ins Tal zu kommen. Der Zustieg von Westen her, der Weg, den wir Ende März ins Basislager gegangen sind, ist länger und bei der Hitze im Mai unangenehm.
Einen Tag und eine Nacht später, gegen neun Uhr nachts, komme ich auf die Höhe des Waldrückens, auf eine Lichtung, von wo man endgültig hinabsteigt in die Ebene nach Süden. Das Kali Gandaki liegt hinter mir. Drei Häuser stehen dort am Wegrand. In einem brennt Licht. Ich setze mich am Eingang nieder. Es ist vor dem Schlafengehen der Wirtsleute und ganz ruhig. Etwas Reis und Gemüse stehen neben dem Herd. Man wärmt es für mich, bringt mir Tee.
Das Gewölk liegt ganz dicht und unbeweglich am Himmel; fest stützen die Bergrücken das graue Gewölbe. Nur dort, wo der Mond steht, ist der Himmel in Bewegung. Er läßt die Nacht dämmern. In diesem kalten Licht gehe ich in derselben Nacht noch acht Stunden weit bis Pokhara.

Eisturm im Gletscherbruch am Dhaulagiri.

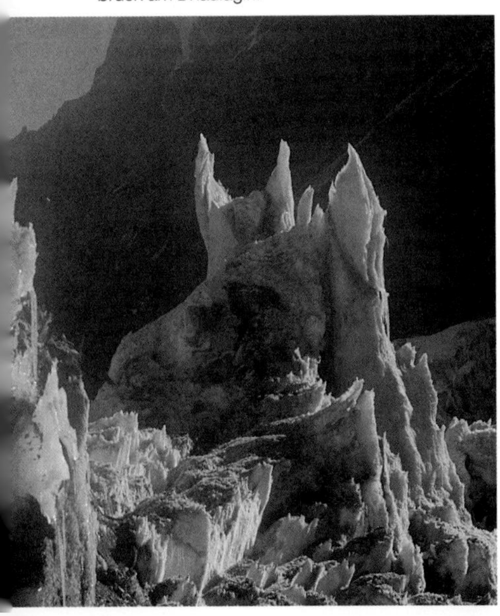

Was für ein Gefühl es ist, zum zweiten Mal an einem so hohen Berg zu scheitern? Am Dhaulagiri hat es Augenblicke gegeben, in denen ich mir gesagt habe: Das ist dein letzter Achttausender. Du bist zu alt geworden, zu schwach für diese großen Berge. Ich war in schlechter körperlicher Verfassung aufgebrochen, hatte im Winter vorher hart gearbeitet, fand am Berg über Wochen mein Gleichgewicht nicht. Vielleicht waren wir am Beginn der Expedition auch zu selbstsicher: In einer so starken Gruppe mußten wir den Berg gleich packen. Wir

Abstieg über den Eisbruch am Dhaulagiri nach Neuschneefall.

hatten viel Zeit. Und dann war es plötzlich zu spät. Ich war am Ende zwar in guter Form, die Schneeverhältnisse über 6000 Meter aber waren katastrophal. Es war so selbstverständlich, als wir aufgaben. Es war klar, daß es nicht mehr weiterging. Kein Bergsteiger hätte dieses Risiko auf sich genommen. Wir hätten es aber noch einmal versuchen können.

Das Dhaulagiri-Abenteuer ist nun vorbei. Bitter ist es dennoch. Ein Jahr lang habe ich für diese Expedition gearbeitet, gespart, organisiert. Dann sind wir nach Kathmandu geflogen und von dort mit Lastwagen die 200 Kilometer lange Straße nach Pokhara gefahren. Mit von der Partie waren zwei Schweizer Ärzte, Schurle Rhomberg und Jürg Steger, zwei Männer, die uns bis ins Basislager begleiteten, als Ärzte für den Notfall, als Expeditionskameraden, als Beobachter von unten. In Pokhara wurde das Gepäck auf etwa 100 Träger verladen, und dann ging es über Berg und Tal in einem ewigen Auf und Ab in zehn Tagen Fußmarsch ins Basislager, das in einer tiefen Schlucht am Ende eines Gletschers aufgeschlagen wurde. Mehr als einen Monat lang haben wir versucht, Lager aufzuschlagen. Und dann am Schluß die Niederlage.

Ist alles umsonst gewesen? Ja, alle Strapazen waren vergeblich, wenn man das Ganze rational sieht. Wir haben den Gipfel nicht erreicht, sind also gescheitert. Trotzdem, das Erlebnis, das Stück Leben da oben war diese Erfahrung wert. Ob ich es noch einmal versuchen werde? Sicher, in meinem Alter muß man entweder ganz aufhören oder sich mit doppelter Energie einer Sache verschreiben. Ich will weiter bergsteigen. Mindestens noch zehn Jahre lang. Dabei geht es mir weniger darum, einen Achttausender nach dem anderen abzuhaken. Das Wichtigste ist nicht, oben zu stehen. Entscheidend ist der Weg dorthin. Übrigens kann ich nicht auf Dauer daheim sitzen, arbeiten und Weltverleumder spielen. Ich will mich fordern, auch heute noch. In der Mitte meines Lebens will ich einen Schritt weiter gehen als bisher.

So entdecke ich nach dem Dhaulagiri den Willen zum letzten Einsatz gleichsam neu, erhebe die elitäre Selbstforderung zu meiner Philosophie. So gesehen ist dieser Rückzug eine Bereicherung. Mit diesem Scheitern werde ich wieder optimistisch, ich verbiete mir alle Selbstzweifel.

Zukunftsgewiß plane ich nun die Gasherbrum-Überschreitung.

Ich will auch zum Dhaulagiri zurückkommen. Gerade weil ich zweimal

»Ich wehre mich gegen die Bezeichnung Karriere für mein Leben. Fürwahr ich wollte nie Karriere machen. Sonst wäre ich bei meinem erlernten ›Beruf‹ geblieben. Vielleicht sind die zwei Jahrzehnte als Bergsteiger auch deshalb so erfolgreich für mich verlaufen, weil die ›Konkurrenten‹, die besser waren, ihre Karriere machten oder abstürzten.«

(Reinhold Messner)

»Der stärkste Muskel bei sportlicher Betätigung ist unsere Psyche.« (Wolfgang Güllich)

an ihm gescheitert bin. Dieser Achttausender übt eine magische, fast geheimnisvolle Anziehungskraft auf mich aus. Warum soll ich ausgerechnet auf ihn nicht hinaufkommen? Langsam will ich nämlich wissen, wie es da oben aussieht.

Einsatz wider die Nützlichkeit

Dhaulagiri von Südwesten, Himalaja

Jedes meiner Abenteuer ist ein Einsatz wider die Nützlichkeit. Sosehr ich davon überzeugt bin, daß das Bergsteigen »die Eroberung des Nutzlosen« ist, so sehr zweifle ich an der Nützlichkeit alles menschlichen Tuns. Was bringt im Endeffekt der menschlichen Gesellschaft, noch fraglicher, dem Kosmos Nutzen, was Schaden? Ich brauche für mein Tun keine allgemeingültige Rechtfertigung – es muß nur mir nützlich sein. Dabei unterliegt alles Tun, ob »nützlich« oder nicht, denselben Gesetzmäßigkeiten. Erfolg hat nur, wer sich mit seiner Sache identifiziert, wer hundert und nicht nur neunundneunzig Prozent richtig macht. Zudem ist der Erfolg nicht nützlicher als das Scheitern, er löst nur andere Empfindungen in uns aus. Und bringt meist Anerkennung. Allerdings zweifle ich, ob die Aussicht auf diese Anerkennung, in welcher Form auch immer (Lob, Geld, Medaillen) ausreichen würde, mich den Anstrengungen und Gefahren einer Expedition auszusetzen, die stets zu meiner eigenen Leistungsgrenze führt.

Dhaulagiri von Nordosten. Links der Nordostsporn, in der Mitte unten die »Eiger-Wand«.

»Auch wenn Freiklettern mit Bergsteigen in seiner Ganzheit nicht gleichgesetzt werden kann, so hat es doch einen Bruch in die Beziehung Mensch/Berg gebracht. Ich kann mir nicht vorstellen, daß alles noch mal so wird, wie es gewesen ist. Wer wird noch mit klassischen Mitteln eine schwere Wand bezwingen wollen und dazu zwei oder drei Tage brauchen, wenn ein ›free Climber‹ sie in wenigen Stunden schafft?« (Alberto Risso)

Dhaulagiri. Rastende Träger beim Anmarsch.

Plastik-Container, in denen die Expeditionsausrüstung verstaut ist.

»Wenn du dein Gesicht als Werbeträger verkaufst, ist es im Grunde gleichgültig wofür und um wieviel. Werbung ist Werbung, ob man dich für deine Leistung dabei in Naturalien oder in Geld entlohnt. Ich habe die größten Angebote in dieser Hinsicht nicht etwa aus ethischen Motiven ausgeschlagen, sondern aus Berechnung. Lieber verdiene ich zehn Jahre lang weniger Geld als ein Jahr lang mehr.« (Reinhold Messner)

Dörfer unter der westlichen Dhaulagiri-Gruppe. Bilder vom Anmarsch.

Mädchen bei Beni.

Indischer Guru im Kali Gandaki.

»Wenn du immer wieder außerhalb der Gesellschaft lebst – außerhalb ihrer Meinungen, außerhalb ihrer Gewohnheiten, außerhalb ihrer Sinngebung – kommt dir ihr Verhaltenskodex unlogisch vor.« (Reinhold Messner)

»Vielleicht steht die Sportkletterbewegung dem verpönten »Bergvagabundentum« doch näher als einer Aktion im Stil von ›Jugend trainiert für Olympia‹?«
(Stefan Beulke)

»Nur wenigen Kletterern gelingt es, Werbeverträge mit Ausrüstungsfirmen abzuschließen. Für viele Sportkletterer ist ein winziges Zelt zum ständigen Wohnsitz geworden, und der einzige Anspruch, den sie ans Leben stellen ist: gut zu kettern!« (Luisa Jovane)

R. Messner beim Kochen im Basislager.

Etwas stimmt nicht mehr. Meine Identifikation mit diesem Ziel ist nicht mehr stark genug. Oft werden bei einem Unternehmen neunundneunzig Prozent richtig gemacht. Aber es kommt auf das letzte eine Prozent an. Und das fehlte mir eben am Dhaulagiri. Ein solches Unternehmen hat nur Sinn und Erfolg, wenn die totale Identifikation da ist. Wenigstens mir geht es so. Du bist involviert oder Zuschauer. Dazwischen ist die Leere.

Das Basislager am Dhaulagiri. Darüber die Nordflanke des Berges (»Birnenroute«).

»Der Wettlauf nimmt inzwischen so viel Raum beim Bergsteigen ein, daß der Spaß abhanden zu kommen droht. Wir hatten seinerzeit von vornherein mehr Freiraum im Himalaja – weniger Bürokratie, weniger Erfahrung, weniger Druck. Nun nehmen sich die Alpinisten weiteren Freiraum durch den Wettkampf untereinander.« (Sir Edmund Hillary)

Prof. Dr. F. Rhomberg, der Expeditionsarzt, verbindet den Koch.

Sherpas in der Expeditionsküche.

»Hier wird viel zu viel geredet und zu wenig gestiegen.«
(Hans Kammerlander)

Wie sich das Expeditionsbergsteigen verändert hat! Die Entwicklung in den letzten fünfzehn Jahren ging vom Erobern der großen, schwierigen Wände im althergebrachten Expeditionsstil mit Hochlagerketten und Sherpahilfe hin zur Kleinexpedition, die ohne Fremdhilfe und im Alpenstil operieren kann. Alleingänge und Winterexpeditionen sind Varianten zu diesem Trend. Das Hintereinanderhängen von mehreren Achttausendern ist zwar zu einem Modetrend geworden, das eigentliche Problem aber liegt in der Kombination mehrerer Probleme ohne Unterbrechung, also in der Überschreitung von einem oder mehreren Achttausendern in einem Anlauf.

»Die Achttausender seien die große Herausforderung der nächsten zehn Jahre, lese ich in einer italienischen Illustrierten. Als ob diese Schnorrer nicht wüßten, daß wir in den vergangenen zehn Jahren an den Achttausendern fast alles schon gemacht haben.«
(Reinhold Messner)

Lager I am Nordostcol des Dhaulagiri. Darüber Südwest- und Nordostgrat.

Blick vom Dhaulagiri-Nordostsporn auf die Annapurna-Gruppe.

»Die Zeit der fertigen Welt ist angebrochen. Jene der geographischen Entdeckungen und der großen Entdeckungsreisen geht zu Ende. Und die Kunst des Beschreibens und des Berichtens verliert ihren Sinn.« (Bernard Amy)

Spurarbeit im Eisbruch unter dem Dhaulagiri-Nordostcol.

»Am Dhaulagiri habe ich gezögert, weil die Gasherbrum-Überschreitung im Hintergrund stand. Sie ist mein großes Ziel für 1984.«
(Hans Kammerlander)

Rückzug am Nordostsporn des Dhaulagiri.

Wie oft ist dieser Rückzug am Dhaulagiri als vorbildlich hingestellt worden? Gegen mein Wissen. Wie oft sind meine Erfolge als heldenhaft »verkauft« worden, ohne daß ich es verhindern konnte? Zeitungsschreiber werten dein Tun, wie sie es brauchen. Ich aber eigne mich nicht als Leitfigur und werde mich immer wehren gegen eine einäugige Betrachtungsweise der Dinge.

Aufstieg ins Lager I am Dhaulagiri.

Gasherbrum-Überschreitung

Ursprünglich war es meine Idee, die Gasherbrums als erstes Achttausender-Paar zu überschreiten. Vom G I zum G II hin. Nach einer Erkundung des Südwestgrates am Gasherbrum I, an dem Lawinengefahr droht, hat Hans die Idee, die Überschreitung umzudrehen. Aufstieg über den Zentralen-Gasherbrum-Eisbruch und die Moravec-Route zum Gipfel des G II; Abstieg über eine neue Route ins Gaherbrum-Tal; Aufstieg über die Nordwestflanke zum G I und Abstieg über den Südwestgrat (teilweise Jugoslawenroute) und den linken Graben zwischen G I und Eisbruch ins Basislager. Das sind knapp 20 km Kletterstrecke über Eisbrüche, Schneeflanken, Felswände, Seraczonen und schwierige Grate. Wir haben das Glück, auf dieser ganzen Strecke allein zu sein und die Tour trotz Schneesturm im letzten Drittel durchziehen zu können.

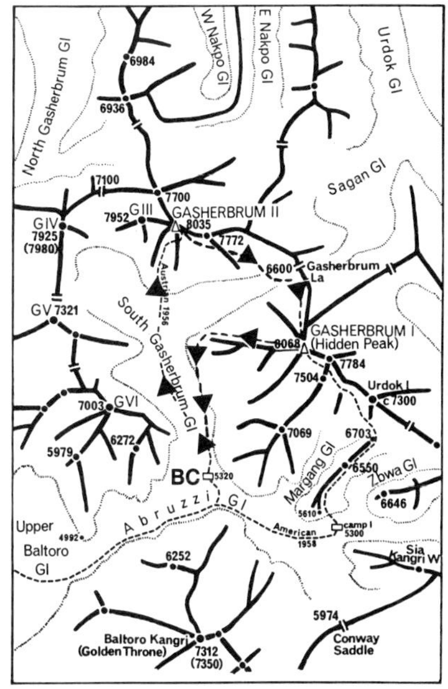

◄–◄–◄– Überschreitung '85

Das Leben überschritten

Es ist noch früher Vormittag. Seit einer halben Stunde gehen Hans Kammerlander und ich über den flachen Gasherbrum-Gletscher. Die Furcht, daß sich hoch über uns eine Eislawine löst und uns von hinten überrollt wie hundert fahrende D-Züge zwingt uns weiter, eine unheimliche Angst im Rücken. Ich spüre sie stofflich.
Der Schnee ist nicht aufgeweicht, aber die Harschschicht auf der blaugrauen Fläche ist so dünn, daß wir immer wieder bis zu den Knien einsacken. Das kostet nicht nur Energie, das untergräbt auf einer Meereshöhe von 6000 Meter den Willen. Jedesmal der Schreck, in eine Gletscherspalte zu fallen.

Gasherbrum I vom Gasherbrum II. Unten das Gasherbrum-Tal.

G II und G I vom Gasherbrum-Gletscher. Nur Stücke des Überschreitungsweges sind sichtbar.

H. Kammerlander

Instinktiv frage ich mich, warum Reinhold für dieses schwierige Unternehmen mich als seinen Partner gewählt hat. Meine Erfahrung in großen Höhen basiert nur auf dem Cho Oyu.« (Hans Kammerlander)

Hans geht vor mir. Stur, gebeugt unter dem Rucksack, biegt er in der Mitte des Gasherbrum-Tales nach links. Kein Zweifel, er geht aufwärts. Richtung Gasherbrum La.

Ein Jahr lang haben Hans und ich über diesen Moment diskutiert, ihn herbeigesehnt, ihn gefürchtet. Hier, im tiefsten Punkt zwischen den beiden Achttausender-Gipfeln würde die Entscheidung fallen. Nur wenn wir nach dem ersten Achttausender – erschöpft, ausgezehrt und ohne jede Rückendeckung – den Willen aufbrachten, gleich den zweiten zu wagen, könnte uns gelingen, was bisher noch niemand versucht hatte: die Überschreitung von zwei der vierzehn höchsten Berge der Welt in einem Zug.

In sicherer Entfernung von den Steilwänden der beiden Gasherbrums bleibt Hans stehen. Er zieht unsere doppelt genommene Reepschnur ein, so daß ich zu ihm aufschließen kann. Wir reden nicht über Aufgeben oder Weitermachen, wir werfen die Rucksäcke ab und rasten. Hans macht sich daran, in einem handgroßen Topf auf dem Gaskocher Schnee zu schmelzen. Das dauert lange.

Wir haben Zeit. Bis zum Gasherbrum La, dem Sattel zwischen unseren beiden Bergen, würden wir heute schon noch kommen. Wenn ich zurückschaue zum Eisbruch in der Südostflanke des Gasherbrum II, über den wir erst im Morgengrauen abgestiegen sind, bin ich voller Lausbubenstolz. Wir haben auch Glück gehabt. Um drei Uhr morgens an diesem 26. Juni haben wir das Biwak unter der Gipfelpyramide verlassen. Wir sind nach rechts gequert und direkt über den Hängegletscher abgestiegen, der zwischen der Franzosen- und Polenroute eingebettet ist: Da oben hängen diese geborstenen Séracs, mehrere hundert Meter hohe senkrecht übereinander getürmte Eistrümmer. Dazwischen Lawinenrinnen, durch die täglich Schnee und Eis fegen können wie tödliche Geschosse. Wir sind dort abgestiegen, um schnell zu sein und gleichzeitig eine neue Route zu eröffnen, auch um den ersten Achttausender, den Gasherbrum II, zu überschreiten.

Hans gibt mir einen Plastikbecher voll Pfefferminztee. Dazu essen wir Südtiroler Speck und hartes Bauernbrot. Unser zweites Frühstück. Um drei Uhr früh schon haben wir je einen halben Liter »prima colazione« geschlürft, ein Getränk, das italienische Ernährungswissenschaftler eigens für diese Überschreitung ausgetüftelt haben: Eine Mischung aus Kakao, Haferflocken, Mineralsalzen, Vitaminen. Wir mußten bei minimalem Gewicht die Gewähr haben, an keinerlei Mangelerscheinungen zu leiden.

Wir leiden nicht. In drei Tagen sind wir bei strahlendem Wetter auf den Gipfel des Gasherbrum II geklettert. Beim Abstieg vom Gipfel zum Biwak beerdigten wir einen österreichischen Arzt, der schon seit zwei Jahren oben zwischen den Felsen gelegen hat. Dies kostete uns Zeit und viel Kraft. Dann der gefährliche Abstieg ins Gasherbrum-Tal. Solche Risiken soll man nicht alle Tage eingehen. Das Glück ist jene Komponente, die einen so großen Wurf wie eine Achttausender-Überschreitung begleiten, nicht aber tragen kann. Hans und ich waren in beiden Gasherbrums alleine. Keine andere Expedition operierte an unseren vier Routen.

Bisher ist alles schnell und glatt gegangen. Wir sind in blendender Form, psychisch und physisch. Wir haben noch Proviant und Brennstoff für eine gute Woche. Nicht der geringste Zweifel, daß wir weitermachen können. Fühlen wir uns doch selbstbewußter als vor dem Aufbruch im 5200 m hohen Basislager. Auch stärker.

»Mit vierzig muß man das große Bergsteigen entweder aufgeben oder einen Schritt weiter gehen als vorher.« (Reinhold Messner)

»Am ersten Tag, nach den ersten 1500 Höhenmetern das Gefühl, daß wir diesen Weg nicht zu Ende gehen können.«
(Hans Kammerlander)

Blick gegen die Ostschulter des Gasherbrum II.

Muß man das scheinbar Nicht-Mögliche wagen, um Kräfte zu mobilisieren, von denen wir sonst nichts ahnen? Zu diesem Doppelaufstieg auf zwei Achttausender bin ich gekommen, weil ich gespürt habe: Entweder machst du jetzt weiter, und zwar noch intensiver, noch frecher als bisher – oder du gibst auf. Wenn dein Bergsteigen zum Trott wird, geht nichts mehr. Das habe ich am Dhaulagiri gespürt.
Ich glaube, daß diese Haltung für jeden Mann mit vierzig gilt. Entweder er sagt sich »gut, mein Leben liegt hinter mir; ich fahre fort in den eingefahrenen Gleisen«, und er beginnt zu sterben, oder er erkennt in der Mitte seines Lebens die Steigerung als Spielmöglichkeit. Er steigert sich wieder in eine Idee hinein, riskiert es, wagt sein Leben alle Tage neu, und zwar bis zur letzten Konsequenz.
Nicht nur körperlich, vor allem seelisch habe ich viel Kraft und Schwung gewonnen. Jetzt habe ich ein Gefühl von altersfreiem Dasein.
In dieser Stimmung habe ich die Gasherbrum-Überschreitung geplant. Ich wollte etwas tun, was junge Spitzenbergsteiger nicht einmal zu denken wagen. Im 26jährigen Bergführer Hans Kammerlander habe ich den idealen Partner gefunden.
Bis hierher haben wir das Unternehmen planmäßig durchgezogen. Mit 35 Trägern, einem Filmteam mit Werner Herzog sind wir zehn Tage lang bis ans Ende der Welt marschiert. Hans und ich haben auf eine Schönwetterperiode gewartet und sind im Basislager auf 5200 m Meereshöhe losgestiegen: ohne mit dem Basislager Kontakt zu halten, ohne vorher Depots anzulegen. Ohne jede Fremdhilfe und ohne die Hoffnung auf Hilfe von unten wollen wir über vier verschiedene Routen zwei Achttausender überschreiten. Es ist so, als ob ich in der Mitte meines Lebens mir und der Welt beweisen müsse, daß ich *mehr* kann. Mehr als bisher und mehr als alle anderen.
In einer Art Testament habe ich vor unserem Aufbruch Werner Herzog die Verantwortung für die Expedition übertragen für den Fall, daß wir nicht wiederkämen.
Die Verantwortung für uns tragen wir selbst. Jeder die seine. Dabei wissen wir genau, daß der eine ohne den anderen nicht weit kommen würde. Bis zur nächsten großen Gletscherspalte vielleicht oder den ersten Überhang. Auch wenn wir nicht gut miteinander auskämen, wir sind aufeinander angewiesen.

»Ich bin weder alt noch jung, ich bin stark.« (Reinhold Messner)

W. Herzog

»Das tagelange Alleinsein mit dem schweren Rucksack ist eine enorme Belastung. Wir können ihn nie zurücklassen. Mit dem Rucksack hätten wir unser Leben zurückgelassen.« (Hans Kammerlander)

Nach einer Stunde Rast gehen wir weiter. Die Rucksäcke wiegen jetzt weniger als beim Aufbruch, je fünfzehn Kilogramm etwa. Die Sonne beginnt den Schnee aufzuweichen.
Knapp über der Randkluft, ein versteckter Spalt, der den Anfang der Steilwand zum Gasherbrum La markiert, binden wir uns wieder vom Seil. Jeder steigt für sich. Jeder rastet, wenn er will. Hans geht dabei langsam und möglichst lange ohne zu rasten. Ich steige schnell und raste häufig, nach je zwanzig oder dreißig Schritten, so wie ich es von den Sherpas im Himalaja gelernt habe.
Das Eis unter einer zwei Finger dicken Schneekruste ist hart. Die stumpfen Steigeisen greifen nicht gut. Auch die Haue des Pickels ist vom tagelangen Klettern nicht mehr messerscharf. Feile haben wir keine dabei. Äußerst vorsichtig klettere ich in der Fallinie empor, beobachte zwischendurch Hans, wie er in Serpentinen höhersteigt. Dabei erhascht mein Blick ein Stück des westlichen Himmels. Ein Schreck fährt mir ins Hirn. Schlechtwetter! Dünne Zirren treiben wie Fische am Himmel. Dazwischen dunkles Blau. Auch Hans sieht die Bedrohung. Aber er geht weiter. Er will nicht darüber reden. Jedes Wort kostet in dieser Höhe Luft und Willen. Erst oben am Rand des Gasherbrum La, 6600 m hoch, vertreiben wir uns unsere Ängste mit Beschwichtigungen. »Zwei Tage hält das Wetter schon noch« und »im Notfall können wir immer noch absteigen«.
Dann graben wir eine Plattform für das Biwakzelt aus dem Hang. Zweizehn lang und einssechzig breit. Jeder schiebt seine Schlafmatte hinein, dann den Rucksack. Dieses Zelt, nur eineinhalb Kilo schwer und im Windkanal bei Stürmen bis zu 180 Stundenkilometern getestet, bauen wir an jedem Morgen wieder ab, verstauen es mit dem Rest unserer Habe im Rucksack und klettern weiter. Kaputtgehen darf uns nichts, auch dürfen wir nichts verlieren – Ersatz gibt es nicht.
Die Nacht vergeht schnell. Im Gegensatz zu oben schlafen wir unten gut. So gut, daß wir am Morgen zu spät aufbrechen. Das Wetter scheint besser geworden zu sein, nur die Windböen, die uns von Westen her anfallen, reißen unangenehm an den großen Rucksäcken. Wir steigen stundenlang direkt über die Nordwand aufwärts. In der Mitte stoßen wir auf einige ausgefranste Fixseile, Reste nur, die ein amerikanisches Team 1982 dort hat hängen lassen.

»Reinhold sagt: wenn es das Zelt zerreißt, sind wir tot. Das klingt für mich, wie ein Schlag mit dem Hammer auf den Kopf.«
(Hans Kammerlander)

Als wir am frühen Nachmittag einen kleinen Sattel in 7500 m Meereshöhe erreichen, wissen Hans und ich, daß wir in einer Falle sitzen. Es ist unheimlich düster. Der Sturm hat sich zum Orkan gesteigert. Die Nebelfetzen fliegen wie gigantische Fledermäuse über uns hinweg. Mit Mühe nur können wir auf einer kleiner Schneefläche, im Windschatten, das Zelt aufbauen. Wir überlegen, ob und wie lange wir abwarten können. Als ob wir nach drei Tagen im Schneesturm noch die Kraft hätten, zum Gipfel zu gehen.
Am Abend reißt es noch einmal auf. Wir kochen und trinken. Die ganze Nacht hindurch jagt ein Sturm über die Grate, daß ich Mühe habe, eine angefangene Gedankenkette zu Ende zu denken. Im engen Zelt plagen uns Erstickungsängste. Der Zelteingang steht deshalb zwei Finger breit offen, und es fliegt so viel Schneestaub herein, daß ich den Kopf im Schlafsack einziehe. Reden hat keinen Sinn. Wir könnten uns zwischen den flatternden Zeltwänden nicht verstehen. Am Morgen liegt der Schnee eine Spanne hoch über den Schlafsäcken. Der Sturm heult.

R. Messner im Aufstieg am Gasherbrum II. Dahinter der G I mit Auf- und Abstiegsweg (rechter Grat).

In meinem Bewußtsein ist unser winziges Zelt auf Zimmergröße angewachsen. Hans faselt etwas von einem zweiten Zelt in der Nähe. Es sei noch eine Seilschaft da. Für mich ist seine Feststellung lapidar. Das

G I mit Gasherbrum-Sattel (links) und Nordwestflanke. Der Aufstiegsweg verläuft an der linken Horizontlinie.

G I mit dem Abstiegsweg. (Diagonale der oberen rechten Bildhälfte).

Gefühl, daß ein dritter Mann im Zelt liegt, ist seit Stunden zur »Realität« geworden. Unumstößlich. Also plagen uns Halluzinationen.
Wir trinken Tee, bauen alles ab und gehen trotz allem los. Nach oben. Nach unten zu steigen wäre ebenso gefährlich. Wir halten uns immer an den Felsen, prägen uns einzelne Türme ein. Die Orientierung ist äußerst schwierig. Dazu diese Hilfslosigkeit im Schneetreiben.

Wenn man stundenlang in den Nebel starrt, wird der Blick stumpf. Wir wissen nur: Solange es aufwärts geht, sind wir nicht am Gipfel. Wenn ich mehr als zehn Schritte steige, reißt es mich in der Brust. Ich bleibe stehen, keuchend, den ganzen Leib auf die Skistöcke gestützt, den Mund weit offen, die Augen geschlossen. Ich muß alle Luft in mich hineinziehen. So stehe ich eine Zeitlang still, und alles weicht weit von mir, der Kopf wird leer, die Brust weit. Es sind Augenblicke der Erleichterung, die lang wirken. Dann richte ich mich wieder auf, fest entschlossen, weiterzugehen, mich weiterzuquälen – ich muß weiter.
Am Nachmittag, es kann nicht mehr weit sein, stößt Hans einen Skistock umgekehrt in den Schnee. Eine Orientierungshilfe für den Abstieg. Wir steigen noch eine Stunde lang über ein sehr steiles Schneefeld. Endlos. In der Mitte läßt Hans seinen zweiten Skistock zurück. Dann sehen wir plötzlich wieder Felsen über uns. Darüber einen Schneegrat! Darüber Luft!
Es ist uns zumute wie vielleicht Columbus, als er Amerika entdeckte. Nach rechts hin steigt der Grat an. Also weiter. Die Brillen sind vereist, die Gesichter gefühllos. Wenn wir die Gletscherbrillen abnehmen, brennen die Augen, so spitz sind die Schneekristalle, die der Orkan vor sich hertreibt. Endlich hinter einer Wächte der Gipfel! Der zweite Achttausender-Gipfel innerhalb von vier Tagen. Keine Emotionen, kein Foto mit Fahne, kein Hurra. Nur die Frage, wie kommen wir da je wieder hinunter. Hans geht zuerst zurück. Knapp unter der großen Wächte am Gipfelgrat verliere ich den Halt: eine Unachtsamkeit, ein Windstoß, ich falle rücklings. »Hans«, schreie ich noch ... Im letzten Augenblick kann ich das Gleichgewicht wiederfinden. Wir steigen zu den beiden Skistöcken ab und am Westgrat entlang talwärts. Die Gratkante dient uns zur Orientierung. In einer Höhe von 7400 Metern biwakieren wir wieder. Diese Nacht ist schlimmer als die vorhergehende. Nur die totale Erschöpfung läßt uns minutenlang dösen.
Der Abstieg ins Gasherbrum Tal am nächsten Tag vollzieht sich in tranceartiger Gleichgültigkeit. Der Schneesturm hält ungebremst an. Ab und zu seilen wir uns ab, das Seil an Felszacken verankert. Meist aber klettern wir seilfrei, jeder für sich.
Einmal warte ich auf Hans, ein anderesmal wartet er auf mich. Wir sind mit einer Eiskruste gepanzert, in den Bewegungen schneckenhaft langsam. Oft rasten wir zu lange. Würden wir uns jetzt hinsetzen, zwei oder drei Stunden lang warten, wir würden nicht wieder auf die Beine kommen, für immer einschlafen wie jener Österreicher, den wir erst vor einigen Tagen da oben gefunden haben.
Viele Stunden lang klettern wir so abwärts. Nur einmal, an einem Lawinenhang traut sich keiner von uns beiden weiter. Der angetriebene Schnee liegt brusthoch. Die Flanke unter uns ist steil wie ein Kirchturmdach und unten bricht die Welt ins Bodenlose ab. In einer langwierigen Umgehung kommen wir auch an dieser Gefahr vorbei.
Am Abend des siebten Klettertages sind wir unten im Gasherbrum-Tal. Müde, aber lebendig. Eine autobahnbreite Steinlawine, die wenige Minuten nach uns über die Abstiegsroute fegte, gibt uns das Gefühl der Unverwundbarkeit. Also wollen wir am gleichen Tag bis ins Basis-

G III, G II, Ostschulter und im Vordergrund rechts der untere Abstiegsweg vom G I. (Sichtbare Routen der Überschreitung sind eingetragen).

lager absteigen. Endlich in Sicherheit sein, das Glück nicht mehr strapazieren müssen.
Der Gletscherbruch ist weich, im diffusen Licht können wir den festen Boden von den Spalten nicht unterscheiden. Ein halbes Dutzend Mal wollen wir aufgeben, biwakieren. Doch jedesmal treibt uns eine Unrast weiter, wir möchten endlich wieder ohne Angst sein, auf festem Boden schlafen können, rasten.
Mitten im Eisbruch – ich versuche Hans von hinten einzuweisen, mein Blick sucht die richtungsweisenden Felsen am Rande des Spaltenlabyrinths – sehe ich ihn am Rand meines Blickfeldes verschwinden. Ich greife in das Seil, werde einige Schritte nach vorne gerissen, kann Halt fassen, werfe mich zu Boden.
Ich sehe mich um: Das Seil ist straff gespannt. Auf meine Rufe keine Antwort. Totenstille. Ich versuche eine Titanschraube vom Rucksack zu fingern, drehe sie ins Eis. Als ich das Seil daran fixiert habe, taucht Hansens Kopf aus der Spalte auf. Er sagt kein Wort, fischt Rucksack und Brille aus dem bodenlosen schwarzen Eisloch und geht noch ein Stück weiter. An der ersten flachen Stelle biwakieren wir dann doch. Zum letzten Mal. Wir trinken ungezuckerten Tee. Zu essen haben wir nichts mehr. Beim Abstieg vom Gasherbrum I haben wir fast alle Nahrungsmittel zurückgelassen, um schneller zu sein. Wir hätten sie nicht mehr tragen können.
Am Morgen des 30. Juni 1984 nähern wir uns dem Basislager. Die Zelte sind bunte Flecke im schmutzigen Moränengrau am Abruzzigletscher. Winzig klein sind Menschen zu erkennen. Unser Koch Rosi Ali, der Begleitoffizier und Werner Herzog mit seiner Filmcrew, die einen Dokumentarfilm über dieses unser Bergsteigen dreht. Was Hans und ich in den acht Tagen zwischen Basislager und Basislager erlebten, ist allerdings nicht filmbar, nur fragmentarisch festhaltbar in Worten und Bildern. Die Ängste, die Hoffnungen, der Einsatz und die Verzweiflung sind zu groß, als daß sie von zwei Menschen herab ins Tal getragen werden könnten.

»Der Sturz in die Spalte ist zuerst eine Erleichterung für mich. Plötzlich sind meine Füße leicht. erst nachher erkenne ich das Risiko, in eine 6 mm dicke Schnur zu fallen.« (Hans Kammerlander)

G IV, G III und G II von Südosten. Der Abstiegsweg vom G II verläuft rechts des feinen Felsgrates in der rechten Diagonale.

R. Messner im Gasherbrum-Tal. Im Tiefpunkt zwischen G I und G II.

Von einer Idee besessen

Die Hälfte meines Lebens ist vorüber, und ich fordere mich immer noch. Ich frage mich allerdings nicht mehr, warum. Erst, wenn ich von einer Idee besessen bin, breche ich auf. Sie muß mich sprengen, tragen, fordern. Mich interessiert dann weder Gewinn noch Verlust, die Neugierde ist mein Treibstoff. Die Leistungsgrenze wird nicht gesucht, sondern erreicht. Bis hierher und nicht weiter! Ich frage mich dabei auch nicht, ob es sich wieder lohnt, sich bis zur Grenze einzusetzen, sich so zu engagieren. Ich tue es. Dabei all die Hoffnung und Verzweiflung zu spüren, deren ein Mensch fähig ist, die Angst auch, Kraft und Schwäche, hilft vielleicht ein bißchen dein Menschsein zu relativieren, deine Persönlichkeit zu entwickeln.

»Meine Vorschläge schreibe ich nicht; ich bin sie vorgestiegen, immer wieder in den letzten zwanzig Jahren.« (Reinhold Messner)

»Ich habe alle 8000er in Pakistan bestiegen. Ich weiß nicht, ob ich mit diesem Schwung weitermachen werde, eines aber weiß ich: Ich gehe in den Baltoro zurück.«
(Ehrard Loretan)

Ein Balti und B. Klausmann (Kamera) beim Überqueren eines Gletscherflusses.

W. Herzog, unser Bus und der Chaffeur im Indus-Tal. Im Hintergrund der Nanga Parbat

Balti-Träger am Rand des Braldo

»Den Vorwurf ein Menschenverächter zu sein, weise ich zurück. Es ist wahr, oft gehe ich Fragen aus dem Weg; oft lüge ich, weil ich dann weniger reden muß; oft halte ich mir die Menschen mit kurzformulierten Tatsachen vom Leib, weil auch lügen anstrengend ist. Meist will ich nur meine Ruhe haben, weil ich die Menschen achte. Sie haben mir ihre Leidensgeschichte erzählt.«
(Reinhold Messner)

Balti mit Expeditionslast in der Braldoschlucht

»In Pakistan, China und Nepal gibt es unter den Einheimischen erfahrene Höhenbergsteiger. Sie sind uns technisch unterlegen, an Höhentauglichkeit meist überlegen. Ich war mit einem Sherpa, Ang Dorje, auf dem Kangchendzönga, mit zwei Hunzas, Sher Kan und Nazir Sabir, auf dem Broad Peak. Ich habe gute Erfahrungen mit den einheimischen Bergsteigern gemacht. Ich könnte mir vorstellen, daß die Besten unter ihnen in nächster Zukunft selbständig schwierige Probleme im Himalaja lösen.«

(Reinhold Messner)

Frau mit Kind in Askole, Karakorum

»Die Trango-Türme, die Kathedralen, der Mustagh-Tower – es sind die kühnsten Felsgestalten, die ich je gesehen habe. Stünden sie nicht vor den Achttausendern, wären sie seit Jahrzehnten erstklassige Kletterziele.«
(Hans Kammerlander)

Balti-Träger bei Concordia

Trägerkolonne am Abruzzi-Gletscher

»In den letzten Jahren kamen Hektik und Zufälligkeit ins Bergsteigen. Ich habe Modeerscheinungen und Umbrüche erlebt. Noch ist keine neue Epoche angebrochen.« (Reinhold Messner)

»Diese Balti-Träger haben etwas Tierisches an sich. Genau jenes Animalische, das uns oft fehlt, um menschlich sein zu können.«
(Hans Kammerlander)

Basislager am oberen Abruzzi-Gletscher. Im Hintergrund G I und G II.

Balti-Träger im Biwak auf dem Baltaro-Gletscher.

»Im Basislager angekommen, erleben wir das Scheitern einer spanischen Expedition am Gasherbrum II. Zu viel Schnee! Sofort denke ich an den Dhaulagiri. Ob sich für uns das gleiche Spiel wiederholt? Nächtelang quält mich dieser Gedanke. Erst als wir aufbrechen, alles hinter uns lassen, bin ich zuversichtlich.«
(Hans Kammerlander)

»Der erste Gipfel muntert mich auf. So habe ich mir eine Achttausender-Gipfelstunde immer vorgestellt: ohne Wind, klare Sicht, wir noch überraschend frisch.«
(Hans Kammerlander)

»Abhaken, auch Achttausender, ist kein schöpferisches Verhalten. Großes Bergsteigen ist Herausforderung, verlangt Qualitätsbewußtsein und Urteilsfähigkeit.«
(Reinhold Messner)

H. Kammerlander am Gipfel des G II.

»Meine ersten Klettererlebnisse, damals daheim im Ahrntal, waren so eindrucksvoll wie heute eine Achttausender-Besteigung.«
(Hans Kammerlander)

»Mir ging es immer um neue Routen oder um neue Stile. Die Wiederholung alter Routen, auch der schwierigsten, hat mich nie so gereizt.« (Reinhold Messner)

H. Kammerlander beim Aufstieg zum G II –. Südwestgrat. Links hinten der Masherbrum.

»Der Sportkletterer ist der 100 Meter-Sprinter unter den Bergsteigern; der Alpinist ist der 10.000 Meter-Läufer; der Expeditionsbergsteiger entspricht dem Marathonläufer.« (Hans Kammerlander)

H. Kammerlander und R. Messner im Basislager

»Weder der Erfolg noch die Leistung sind meine Rechtfertigung. Auch nicht die Anstrengung. Es ist meine Begeisterung.«
(Reinhold Messner)

»Du bist doch kein Taugenichts, wenn dein Tun dir Freude macht. Arbeit und Spaß sind miteinander vereinbar.«
(Reinhold Messner)

Trotzdem stirbt die Sekte der Bergfexen und Trenkerkopisten nicht aus. Auch sie wächst: »Berg Heil.« Es sind zwar immer mehr, die von Selbstfindung und von sauberen Bergen faseln, aber herunten bleiben immer weniger. »Die Eroberer des Unnützen« sind auf dem Vormarsch.

Bild Mitte: R. Messner, knapp unterm Gipfel des G II.

H. Kammerlander beim Abstieg wenige Meter unter dem Gipfel des G II.

Niemand hat es je gewagt, diesen Hängegletscher zu durchsteigen. Von unten nach oben wäre dies auch selbstmörderisch. Von oben nach unten aber, in den ersten Morgenstunden, im Laufschritt – wir haben es gewagt und so Zeit gewonnen. – Diese Taktik hat uns Erfolg gebracht. Wir haben auch Glück gehabt.

R. Messner beim Abstieg über die Südwestflanke des G II.

R. Messner beim Abstieg vom G II.

»Bei einem solchen Abstieg muß man aufhören zu denken und einfach gerade hinunterrennen.«
(Hans Kammerlander)

Die Gipfelpyramide des G I. Abstiegsweg etwa zwischen Licht und Schatten.

Das Biwakzelt am Rand des Gasherbrum-Sattels.

»Ich bin froh, daß ich naiv ins große Bergsteigen hineingewachsen bin, daß ich nicht als Spezialist groß geworden bin. Ich habe alles versucht: Sportklettern, die großen Alpenwände, einige Achttausender. Ich glaube, mein Leben voll ausgeschöpft zu haben.«

(Hans Kammerlander)

Schneesturm am G I.

»Knapp vor dem Ziel ist der Vorhang zu. Aus. Jetzt kommen wir weder hinauf noch hinunter.«
(Hans Kammerlander)

R. Messner im Biwak am G I.

»Ich weiß nicht, warum wir nach einer so schlechten Nacht und bei so starkem Schneesturm nach oben gehen.« (Hans Kammerlander)

Biwakzelt unterm Gipfel des G I.

H. Kammerlander in der Nordflanke des G I; ca. 7000 m.

R. Messner hinter der Gipfelwächte, wenige Meter unter 8068 m

»Ein Schock, als es Reinhold von der Gipfelwächte wegdreht. Ich in der Nordwand, er in der Südwand – wir hätten uns wohl nicht mehr gefunden.« (Hans Kammerlander)

»Einen so langen Weg würden wir nicht nochmals machen, um so weit zu kommen. Wir sind zum letzten Risiko bereit, weil der Großteil der Anstrengung schon hinter uns liegt. Es gibt keine Pioniertat ohne Risiko.«
(Hans Kammerlander)

Hans Kammerlander zwischen den letzten Felsbrocken unterm Gipfel des G I.

Als Hans einmal nicht nachkommt, warte ich verzweifelt. Plötzlich löst sich ein weißblaues Stück Fels aus der fast senkrechten Wand über mir. Ich suche Deckung. Doch der Steinschlag bleibt aus. Hans, der rastend wie ein Fels an den Felsen gekauert hatte, kommt nach. Sicher wie eine Gemse setzt er die Füße, instinktiv schmiegt er sich an die Wand, wenn ein Windstoß kommt, schnell geht er zur Seite, wenn ein Schneerutsch abgeht.

R. Messner im Abstieg wenig unter dem Gipfel des G I.

»Reinholds Gesicht ist eine Eismaske. Ich sehe nur, daß er spricht, hören tue ich nichts«.
(Hans Kammerlander)

R. Messner im Schneesturm. Rast beim Abstieg vom G I.

»Es wird nicht leicht sein, diese Gasherbrum-Überschreitung zu wiederholen. Allerdings nur unter unseren Gegebenheiten. Wenn jemand aus einem vorgeschobenen Lager im Gasherbrum-Tal die beiden Gipfel besteigt, hat er von unserer Tour nicht einmal die Hälfte gemacht und nichts verstanden. Die Problematik liegt in der Länge der gefährlichen ungesicherten Strecke. Wenn sich einer von uns verletzt hätte, wäre er unrettbar verloren gewesen. Ob einer allein über den ungespurten Gasherbrum-Eisbruch hinuntergekommen wäre, ist eine zweite Frage. Wir gingen in Auf- und Abstieg eine andere Route durch den Bruch.« (Hans Kammerlander)

»Auf Dauer kann man sich auch an Gefahren gewöhnen. Wir sind jetzt eine Woche lang unterwegs und rennen blind in den Nebel, achten kaum noch auf Lawinen. Auch gegen den Wind sind wir abgestumpft. Von unserem Abstiegsweg sehen wir nichts, wissen wir wenig. Irgendwo werden wir schon auf den Gletscherboden kommen. Woher haben wir plötzlich dieses Selbstvertrauen?«
(Hans Kammerlander)

R. Messner am G I-Gipfel

G I-Abstieg

Fast acht Tage lang haben wir nur getrunken.« (Hans Kammerlander)

Abstieg vom G I.

H. Kammerlander und R. Messner tauchen nach 7 Tagen im unteren Gasherbrum-Eisbruch auf.

»Wir sind so nahe am Basislager, daß mir der Gedanke daran unerträglich ist.« (Hans Kammerlander)

R. Messner und H. Kammerlander kurz vor dem Basislager.

»Damit das Mögliche entsteht, muß immer wieder das Unmögliche versucht werden.«
(Hermann Hesse)

H. Kammerlander (oben) R. Messner (Mitte) nach dem Abstieg;

»Wenn ich nochmals so etwas riskiere, mache ich vorher mein Testament.« (Hans Kammerlander)

Nach einigen Rasttagen im Basislager.

»Diese Überschreitung ist bisher mein größtes Berg-Unternehmen gewesen. In jeder Hinsicht.« (Hans Kammerlander)

ENERVIT
CASSIN
47

»Die Kompetivität ist so stark, daß man, um an der Spitze zu bleiben, wenigstens drei oder vier Stunden am Tag trainieren muß, im Sommer in der Wand, im Winter im Klettergarten.« (Manolo)

Wettkletterer beim »Aufwärmen« in Bardonecchia

Wettklettern konkret

»Wettklettern würde ich nur für Geld.« (Hans Kammerlander)

Ein Trend zum Wettklettern ist vor allem unter den jüngsten Sportkletterern spürbar. Wie anders sollen sie sich heute sonst profilieren! Die Kletterwettbewerbe, die bisher stattfanden, sind allerdings nur eine Spielart unter den fast unendlich vielen denkbaren Möglichkeiten. Zum Beispiel: Bergläufe von Hütte zu Hütte; die Durchsteigung großer klassischer Wände auf Zeit (Diese Art von Wettlauf findet seit Jahrzehnten statt, wobei allerdings Besteigungen unter völlig verschiedenen Bedingungen miteinander verglichen werden und der eine oder andere seine Solo-Zeit mit der Zeit von Seilschaften vergleicht); die Kombination von Ski-, Eis- und Klettertouren; usw.
Beim direkten Vergleichskampf kommt es auch auf die innere Ruhe des Kletterers an. Stars, die unter großer psychischer Belastung klettern, erreichen beim Wettklettern selten ihre Höchstform. Entweder sie stürzen – wie Güllich in Bardonecchia – oder sie stellen sich den Konkurrenten nicht wie Manolo, Mariacher und Muffat ebendort.

»Wir sind bereit, auch Kletterer anzuerkennen, die keine Wettkämpfe bestreiten. Es ist klar: Manolo bleibt immer Manolo, und dasselbe gilt für Mariacher und die anderen. Wenn es aber noch weitere Wettkämpfe gibt, wird es in 5 bis 6 Jahren nicht mehr möglich sein, daheim zu bleiben, wenigstens für diejenigen nicht, die vom Klettern leben wollen.« (Riccardo Cassin)

Atletica verticale

Links: M. Preti in Bardonecchia

Bis gestern hatten wir Bergsteiger eine eigene Ethik. Eine selbstgebastelte. Wir waren »bescheiden«, »weltfremd« und »ohne Ehrgeiz«. Wir waren schließlich Idealisten. Unsere Kleidung mußte handgestrickt sein und unser Seil symbolisierte die Kameradschaft. Bis in den Tod. Den Blick nach oben gerichtet, mit Nordwandgesicht, packten wir's an. Der Berg rief. Wer dabei herunterfiel, war ein Held. Er ging ein in die Geschichte des Alpinismus. Die wenigen, die der Realität schon vor 100 Jahren in die Augen sahen, lasen wir nicht oder wir hörten nicht auf sie.
Morgen wird das anders sein. Die jungen Kletterer kümmern sich wenig um die alpine Geschichte. Die Gedanken der Besten kreisen

»Ich war sehr gestreßt, ich hatte Angst, nicht zu siegen, Angst, nicht alle Möglichkeiten zum Ausdruck bringen zu können. Jedenfalls finde ich es richtig, Wettkämpfe auszutragen. Man sollte sogar eine regelrechte Wettkampfserie veranstalten.« (Marco Preti)

J. Godoffe in Bardonecchia

»Ich bin für den Wettkampf, und wenn es ihn gibt, mache ich mit. Dabei sollte es drei Wertungen geben: den freien Durchstieg, den Pflichtdurchstieg (Zeit, Stil) und den Versuch einer Kletterstelle auf Anhieb.« (Eric Escoffier)

»Die Veranstalter bestimmen den Verlauf, nach dem Motto: Wer zahlt, schafft an!« (Marcus Lutz)

»Dieses Turnen an der Senkrechten ist der Sport kommender Jahre. Er wird bei der Jugend und – wenn die Medien genügend Hilfestellung gewähren – auch bei der Masse einen großartigen Erfolg haben.« (Emanuele Cassarà)

nicht mehr um neue Stile, Pioniere oder mögliche Routen; ihr Streben ist von den Faktoren Tat, Show, Geld bestimmt. Heute schon haben Kletterwettbewerbe Einfluß auf das Geschehen in der Szene, die sich in den Klettergärten und nicht mehr im Hochgebirge trifft. Immer öfter finden Freiklettertreffen statt: in den USA, in England, in Osterreich, in Australien, in Deutschland, in der Schweiz. Bisher haben Ablehnung und Skepsis überwogen gegenüber den Klettervorführungen der Stars, diesen bergschuh- und rucksacklosen Wandakrobaten. Ihre jüngsten Show- und Wettkampfdarbietungen aber finden mehr und mehr Aufmerksamkeit. Das Spitzenbergsteigen scheint ein Show-Sport zu werden.

Seit ein paar Jahren gibt es in der UdSSR das Schnellklettern, einen direkten Vergleichskampf nach Punkten und Sekunden. 1985 fand in Bardonecchia in Piemont der erste richtige Wettkampf im Felsklettern auch in Westeuropa statt. Der Wettbewerb setzte sich aus zwei Wertungsteilen zusammen. Beim Stilklettern galt es, drei unterschiedlich schwierige Routen im Vorsteig zu bewältigen, wobei der Stil der Kletterei, die Harmonie der Begehung sowie die Sturzfreiheit bewertet wurden. Beim abschließenden Schnellklettern mußten 45 Meter leichtes bis mittelschweres Gelände möglichst schnell hochgehetzt werden, eine Art anaerober Klimmzugspurt.
Bergsteigen, so sagte man früher bei uns, sei nicht meßbar, und man schimpfte auf die Sowjets, die angeblich den Berg zur Sportarena degradieren wollten. Inzwischen sehen einige diese Wettkämpfe als den einzigen Ausweg aus dem härter und härter werdenden Spiel: »Wer ist der beste Bergsteiger der Welt?« Olympische Disziplin könne das Klettern werden, wenn man sich auf einige Spielarten und einen gemeinsamen Nenner der Regeln einigen würde.

Wie schwierig ist es in dieser schwierigen Zeit geworden, besser zu sein als die Besten! Noch schwieriger ist es, sein Können zu beweisen. Daher der Wettlauf. Von ihm träumen auch viele Funktionäre. Ohne allerdings an die Kosten zu denken. Was wohl der Aufbau des K2 – das sind 41 Matterhörner aufeinander – in Seul kosten würde? Daran denken auch die Freikletterer nicht. Für sie beginnen die Freuden dort, wo jene des felsgeübten Alpinisten klassischer Prägung aufhören. Nicht in sieben-, achttausend Meter über dem Meeresspiegel, sondern im siebten, achten, neunten Grad – an einem Felsblock, der nicht einmal haushoch sein muß.
Die meisten herkömmlichen Bergsteiger sind gegen Regeln – und dies, obwohl sie einen Ehrenkodex verteidigen, der »Profis« von vornherein ausschließt, Sponsoren verteufelt. Man steigt aus »Spaß an der Freud«, was immer das bedeuten mag. Wer mit dem Bergsteigen Geld verdient, wer auf Zeit klettert oder vor der Kamera, ist kein »echter Bergsteiger«. »Kletterwettkampf« ist für sie ein Reizwort. Sogar der Ehrgeiz muß bestimmten Vorstellungen entsprechen, um gerechtfertigt zu sein. Aus dem Kreis jener Freikletterer-Elite aber, die dieser Betätigung mit einem Trainingsaufwand von 20 bis 30 Wochenstunden nachgeht, die professionell im Sinne seriösen Spitzensports arbeitet, kommen neue Visionen.
Es werden weitgehende Vorstellungen und Wünsche an die Adresse der Clubs gerichtet. Zum Beispiel: »Mitfinanzierung des Trainungsaufwandes, Verpflichtung eigens ausgebildeter Bergsport-Trainer, Ausschreibung und Durchführung von Ausscheidungen zwecks Eruierung der Besten, Beschickung internationaler Kletterwettkämpfe in Ost und West mit einer offiziellen Nationalmannschaft.«

Noch wehren sich die Bergsteiger »idealistischen« Zuschnitts gegen diese hochgezüchtete Elite in den Clubs. Ihre Argumente sind – obwohl ein Produkt von Vorurteilen – stärker. Danach sind »echte Bergsteiger« bescheiden wie Kaspar Hauser, still wie die Bergeinsamkeit und Amateure, wie sie in den alpinen Geschichtsbüchern zu Hunderten verherrlicht werden. Die meisten von ihnen hatten wie die jungen Profis vom und fürs Bergsteigen gelebt, bevor sie abgestürzt sind. Dies aber wird geschickt verschleiert.

Der Wettkampf wird auch von außen an uns herangetragen. Als vor wenigen Jahren ein Angebot auf meinem Schreibtisch lag, die Eiger-Nordwand auf Zeit zu durchklettern, im Wettlauf mit ein paar anderen Seilschaften und für das Fernsehen, winkte ich ab. Nicht etwa, weil ich Angst hatte, dabei mein Gesicht zu verlieren. Nein, Kritik hätte mich nicht gestört und die Eigerwand ist so gefährlich nicht, sie ist schöner als ihr Ruf. Aber ich wollte gewinnen. Und gewinnen kann in einer solchen Arena nur, wer alles riskiert, wer nach dem Grundsatz »lieber tot, als zweiter« klettert. Wenn ich selbst von Kletterwettbewerben fern bleibe, auch deshalb, weil ich dieses »Spiel« für brutal-gefährlich halte und ein Steigen mit Sicherung von oben eine Farce ist.

Die Idee, das Bergsteigen in eine Sportart mit Siegern und Medaillen zu verwandeln, ist bald 100 Jahre alt. Schon 1911 ist Paul Preuß in einer Buchbesprechung in der Deutschen Alpenzeitung darauf einge-

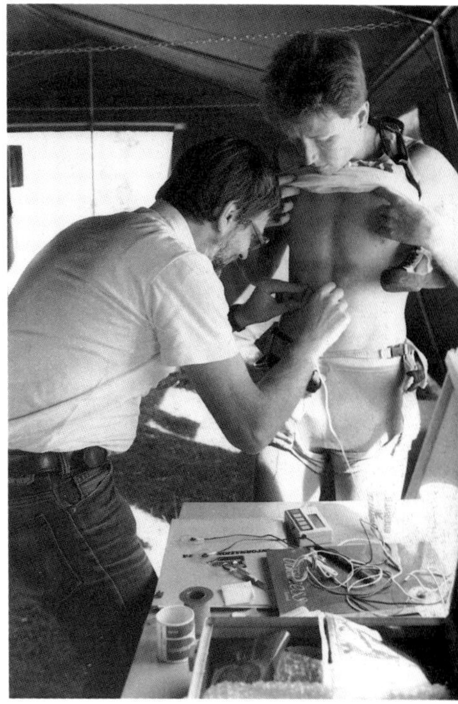

J. Godoffe mit Herzfrequenzmesser.

»Ich bin absolut für den Wettkampf. Es ist schade, daß ich nicht teilnehmen kann. Ich möchte bei allen Wettkämpfen mitmachen, die ausgerichtet werden. Mir gefällt es, mein Kletterkönnen mit dem jetzigen Standard zu vergleichen.
(Patrick Edlinger)

Zuschauer am Fuße der Wettkletterfelsen in Bardonecchia

»Das Geld ist zwar ein großer Anreiz. Ich würde wahrscheinlich bei einer ähnlichen Veranstaltung in Zukunft nicht mehr mitmachen. Solche Veranstaltungen machen das Klettern kaputt.«
(Stefan Glowacz)

»Der Ehrgeiz muß sachlich bleiben, er darf nicht zur persönlichen Eitelkeit herabsinken. Gegen diese Grundsätze verstößt der Bergsteiger, der ›Schaukletteréien‹ vollführt.« (Rudolf Fehrmann)

»... wir wollen nicht moralisieren ... der unmenschliche Wettkampf beim herkömmlichen Bergsteigen hat bereits zu lange gedauert!« (Emanuele Cassarà)

Russischer Kletterer mit Eisfiffis

gangen: »Mit Recht sträubt sich Nieberl in seinem aus dem Herzen kommenden Schlußwort gegen das Überhandnehmen des Wettbewerbs und der Rekordhascherei im Klettersport; doch fürchte ich, daß die Stimme, die Nieberl gegen den ›unlautern Wettbewerb in den Bergen‹ erhob, wirkungslos verhallen wird. Das Klettern ist nun einmal Sport, und es werden sich die sportlichen Elemente daraus, das Suchen der Rekorde, intensiver persönlicher Wettkampf und was sonst damit zusammenhängt nicht ausmerzen lassen. Man kann nicht gegen den Strom schwimmen.«
1932 erhielten die beiden Brüder Franz und Toni Schmid, die ein Jahr zuvor mit dem Fahrrad nach Zermatt geradelt waren, um die Matterhorn-Nordwand zu durchsteigen, eine goldene Olympiamedaille in Los Angeles. Die Matterhorn-Nordwand war zwar nicht die schwierigste Route der damaligen Zeit, die Erstbegehung der beiden Münchner aber hatte so viel Aufsehen erregt wie keine andere Erstbegehung vorher. Es wurde also nicht nur die bergsteigerische Leistung anerkannt, sondern auch das Spektakel, das der Besteigung der Schmid-Brüder folgte. So war es beim Bergsteigen bis gestern noch. Es gab keinen anderen Maßstab für den »Wert« einer Kletterei als das, was die Helden selbst darüber erzählten.

Anders in der Sowjetunion. Als man mich im Sommer 1983 einlud, beim ersten offiziellen Eiswettklettern mitzumachen, glaubte ich zuerst, es wäre ein Scherz. Schnellklettern im Fels, das wußte ich, war seit Jahren ein beliebtes Spiel der Ostbergsteiger. Nur selten hatte sich bei diesem Wettbewerb ein Westeuropäer oder Japaner unter die ersten fünf Schnellsten schieben können. Die Sowjets waren unschlagbar.
Nun sollte ein ähnlicher Wettkampf im Eis stattfinden. Das konnte ich mir nicht vorstellen. Eis gibt es nur im Hochgebirge, eine Sicherung von oben kam also schwerlich in Frage. Wie sollten die Gefahrenmomente ausgeschaltet werden? Ich war neugierig, wollte wenigstens zuschauen. Zum Glück habe ich auf meine eigene Teilnahme im Wettbewerb verzichtet. Ich wäre nicht nur angeschlagen unter »ferner liefen« gelandet, ich hätte das »Rennen« nicht zu Ende klettern können.
Als ich am Morgen mit Hunderten von Schaulustigen über eine steilen Waldhang zu einer zerrissenen Gletscherhochfläche hinaufstieg, konnte ich mir noch kein Bild machen von dem, was Eiswettklettern ist. Da stand keine Eiswand in der Nähe. Ich sah nirgends moderne Ausrüstung.
Am Rande des Gletschers standen einige Zelte. Versteckt und unzugänglich bereiteten sich die »Gladiatoren« dort auf den Wettkampf vor. Daneben Gruppen von Fans. Weiter drüben, wo die Gletscherzunge besonders flach war, ein Spruchband in der Luft. Der Start. Daneben standen Männer und Frauen mit Funkgeräten, Stoppuhren und Schreibblöcken in der Hand. Das waren die Kampfrichter. ein Dutzend oder zwei. Einer gab über einen Handlautsprecher Durchsagen. Man winkte mich hin. Ich zog mir die Steigeisen an, nahm den Pickel in die Hand und ging so zum Start. Sofort verpaßte man mir einen Helm. Ohne Kletterhelm war es verboten, im Wettkampfgelände herumzusteigen. Die Zuschauer, die keine Helme trugen, mußten in gebührendem Abstand hinter einer Seilabsperrung stehenbleiben.
Es war ein strahlender Tag. Der Himmel tiefblau. Das blaugrüne Eis begann überall zu tropfen. Kleine Rinnsale glucksten in Mulden und Spalten. Offensichtlich wurde hier nicht wie beim Felswettklettern mit

Sicherung von oben geklettert, sondern frei, so wie ich es von den Alpen her gewohnt war. Also mit vollem Sturzrisiko. Ohne zu fragen kletterte ich das erste Stück der mit gelben Stoffetzen markierten Route. Steigeisen und Pickel griffen gut. Ich stieg leicht und schnell wie eine Katze.

Die Sowjets beobachteten meine Bewegungen. Ich kletterte mit »Piolet-Traction«, einer Technik, bei der ein Pickel in jeder Hand als Anker dient und hoch über dem Kopf ins Eis geschlagen wird. Dieses System erlaubt einen Steigrythmus, der sich seit den siebziger Jahren in den Alpen durchgesetzt hat. Die beiden Pickel in der linken und rechten Hand dienten mir als verlängerter Arm. Abwechselnd hieb ich sie ins Eis, so daß ich mit den Steigeisen an den Schuhen fast wie am Fels klettern konnte. Mit dem Unterschied, daß ich die Füße nicht in gegebene Tritte stellte, sondern direkt in die glatte Eisfläche, so hoch es mein Gleichgewichtssinn erlaubte.

Bei dem von der Sonne etwas aufgeweichten Eis, der Geländebeschaffenheit der ersten von mir einsehbaren Kletterstrecke, eignete sich meine Eistechnik ausgezeichnet. Schon bereute ich, beim Wettklettern nicht mehr mitmachen zu können. Schade, daß ich am Vorabend gekniffen hatte.

Inzwischen waren die ersten beiden Mannschaften am Start angetreten. Eine bestand aus zwei, eine aus vier Bergsteigern. Mit allerlei Klettergeräten behängt, seilten sie sich an. Startschuß und los ging's. Jeweils einer kletterte voraus, der andere sicherte. Genauso machen wir es, dachte ich. Die erste Seillänge, knappe 40 Meter, war von den beiden ersten im Nu zurückgelegt. Um nicht zu stören, kletterte ich außen herum, hinauf zum Standplatz, und beobachtete wie die zweiten nachstiegen. Wieder genauso wie bei uns. Spannend wurde es erst in der zweiten Seillänge. Da ging es über eine überhängende Eiswand, die mit unserer Eistechnik nicht zu überwinden gewesen wäre. Die Sowjets zogen nun je zwei Eisfiffis heraus, Griffhaken, die über Schlingen mit den Füßen verbunden waren und stiegen Meter um Meter am Überhang empor. Unglaublich! Alle zwei Meter setzten sie, an ihren Eisfiffis hängend, eine Sicherungsschraube aus Titan, wie es die Regeln vorschreiben. Die Punktrichter kontrollierten genau, wie viele von diesen Zwischensicherungen gesetzt wurden, wann einer ausrutschte, wie unten gesichert wurde.

Wie froh war ich nun, nur Zuschauer zu sein! Ich hätte mich an diesem Eisüberhang blamiert. In diesem Augenblick reifte der Vorsatz, den russischen Kletterern einige ihrer Eisfiffis abzuhandeln. Dies waren die Gedanken, während ich das Klettern weiter verfolgte: durch eine Eisspalte, einen zweiten Eisüberhang, zwanzig Meter hoch, der diagonal gequert wurde, einen Abseiler und einen letzten senkrechten Aufschwung nach oben. Nach knapp drei Stunden war die erste Seilschaft am Ziel. Die Zweiergruppe war schneller gewesen. Obwohl sich die vier beim Abseilen besser ergänzt hatten, beim Nachsteigen, brauchen drei eben länger als einer. Am nächsten Tag wurden zwei weitere Seilschaften zum Vergleich losgeschickt. Sieger wurde die Gruppe, die am schnellsten und saubersten gestiegen war. So einfach und klar war das Reglement.

Als ich am späten Nachmittag zum Berghotel in der Talsohle zurückkehrte, das mehr einer Mietskaserne glich als einem Schutzhaus, war mein Rucksack gefüllt mit Eisfiffis und Titanhaken. Ich hatte sie gegen meine westliche Ausrüstung eingetauscht. Wo schwere Nagelschuhe und Militärjacken zur Standardausrüstung eines Bergsteigers gehörten, riß man sich um Plastikstiefel und Gortex-Anzüge. Und ich freute

Eiswettkletterer im Kaukasus

»Die Vermutung liegt nahe, daß die Sowjets den Weg durch die Instanzen suchen, um das Schnellklettern in ferner Zukunft gar zur olympischen Disziplin zu machen.« (»Der Bergsteiger«)

Die nächsten Wettkämpfe auf der Krim, im Herbst 1986, sollten als UIAA-Europacup im Schnellklettern ausgeschrieben werden.« (»Der Bergsteiger«)

»Die Leute haben sich nur an den Sieger erinnert, und all die anderen sind vergessen worden; der Sieger präsentierte sich als der Weltmeister im Klettern, aber all dies ist absurd. Wir ziehen in den Klettergebieten herum und haben Leute gesehen, die Unglaubliches leisten ... auch wenn sie sich nicht an den Wettkämpfen beteiligen, können wir sagen, daß sie die Besten auf der Welt sind. Aber das werden die Leute nicht erfahren, man gibt ihnen eine Siegerliste, und alle sind zufrieden, oder es wird ihnen immer dieselbe Persönlichkeit präsentiert, und die anderen scheint es gar nicht zu geben.«

(Luisa Jovane)

C. Destivelle (hinten R. Cassin) bei der Siegerehrung.

M. Roversi

»Das Sport- bzw. Freiklettern, auf Englisch ›Free-climbing‹, entsteht durch den Mangel an normalen Zielsetzungen. Bereits in den fünfziger Jahren war praktisch alles gemacht; als Reinhold Messner im Jahre 1980 den Everest im Alleingang bestieg, hat er den Alpinismus abgeschlossen.«

(Paolo Marchi)

mich über Klettergeräte, die den unseren überlegen waren. Tüftler hatten sie mit der Hand angefertigt, um zu gewinnen.

Ich kann und will nicht daran glauben, daß ein Weltcup im Klettern, im Eis noch weniger als im Fels, auf Dauer genügend Interesse in der Öffentlichkeit findet, um finanziert werden zu können. Auch denke ich, daß die Grenze des Freikletterbaren bald erreicht sein wird. Nicht der Fels, der Mensch wird nachgeben müssen. Als Folge übertriebener Trainingspensen, andauernd falscher Belastung, ungenügender Erholungsphasen und zu rascher Mehrung der Muskelkraft kommt es zu irreparablen Schäden, die schon junge Kletterer zu Invaliden machen können. Häufigste Verletzungen sind Zerrungen und Risse an Muskeln, Sehnen und Bändern, Arthrose in den Fingergelenken, Schlottergelenke, Sehnenentzündungen im Unterarm und Epikondylitis im Ellbogengelenk. Der Wettkampf würde diese Schäden rapide steigern, er brächte jene unmenschliche Komponente ins Bergsteigen, die andere Sportarten so »steril« macht.

Sicher, auch ich gebe bei jeder gefährlichen Expedition meine Gesundheit preis, bemühe mich aber, sie erneut zu gewinnen. Auch zehn Jahre am Schreibtisch sind gefährlich. Irgendwo liegen Grenzen, über denen irreparable Schäden folgen müssen. Es gibt sicher ein Mittelmaß zwischen Untätigkeit und Zerreißprobe, das es zu finden gilt.

Der Leistungsdruck im Alpinismus ist durch den Wettlauf um die Achttausender-Gipfel ebenso gewachsen wie durch die Kletterwettkämpfe. Wie weit wir uns fremdbestimmen lassen, hängt allerdings von uns ab, von unserer Eigenständigkeit. Der eigene Wille, die eigene Ausdrucksfähigkeit, die eigenen Ideen – sie sind rasch verspielt. Solange sich eine bergsteigende Persönlichkeit selbständig entwikkelt, können die Medien sie kaum stören. Wenn aber das Publikum die Ziele des Stars bestimmt, lebt dieser in einem gefährlichen Dilemma. Besonders »Sieger« merken dies rasch.

Eines müssen alle unumwunden zugeben: Die Leistungssteigerung der Sportkletterer im vergangenen Jahrzehnt ist etwas Einmaliges. Viele Anregungen dazu kamen aus den Klettergebieten der USA, und es ist nur mehr als verständlich, daß auch die dortige Sprache ihren Niederschlag in der deutschen Kletterszene gefunden hat: »Top rope«, »on sight«, »bolt«... Die meisten Neutouren bekommen englische Namen.

Umgekehrt sagt jeder zweite Amerikaner »to abseil« für abseilen, ein Ausdruck, der von den Briten um die Jahrhundertwende übernommen worden ist, damals, als die deutschsprachigen Bergsteiger führend für die Entwicklung des Alpinismus waren.

Warum finden unsere Sehnsüchte ihren Ausdruck nicht in unserer Sprache! Sie sind gewiß nicht stärker, wenn wir sie mit uns fremden Worten umschreiben. Ich gehöre nicht zu denen, die für eine »saubere deutsche Sprache« in »diesem unserem Lande« kämpfen, finde es aber trotzdem läppisch, wenn wir, um »in« zu sein oder auch nur aus purer Nachäfferei mit Fachausdrücken aus einer anderen Sprache um uns werfen. Wie habe ich über die mit »Eispickel«, »Seil«, »Haken« durchsetzte japanische Klettersprache geschmunzelt. Es klang so unecht. Es geht mir hier nicht um den Identitätsverlust, der Hand in Hand geht mit dem Verlust der eigenen Sprache, es geht mir ums Verstandenwerden. Gewiß, der Fachmann unterhält sich am liebsten in Synonymem, mit Ausdrücken, hinter denen für ihn und einen anderen Fachmann eine ganze Welt steht. Was aber, wenn unser Gegenüber ein Laie ist? Soll der ausgeschlossen bleiben, oder sollten wir ihm doch in unserer gemeinsamen Sprache zu erklären versuchen, wie wir den »bolder top rope« versuchen? Ein Steinklotz läßt sich auch mit Seilsicherung von oben klettern. »Let's try« – laßt uns versuchen, auch für die heutigen Stilformen des Bergsteigens eine allgemeinverständliche Sprache zu finden. »Let's go climb«, aber vergessen wir dabei nicht, daß wir Sektierer bleiben, solange uns niemand versteht außer wir uns selbst. Sosehr ich Verständnis habe für junge Menschen, denen »Berg Heil« nicht über die Lippen will, sosehr ich einen Wolfgang Kraus bewundere, der mit seinem Tun weltweit Maßstäbe setzt, so sehr hoffe ich, daß wir uns gemeinsam dagegen sträuben, mit unserer Sprache zu »kolonialisieren« oder sie »kolonialisieren« zu lassen. Es ist wahr, daß die heutige deutsche Bergsteigersprache verbraucht und klischeehaft ist. Es liegt an uns, dies zu ändern.

Mit meinen öffentlichen Auftritten, meinen Büchern und Filmen in Sachen Alpinismus möchte ich nicht für das Bergsteigen werben, ich möchte unser Spiel an der Senkrechten – l'atletica verticale – jedermann verständlich machen.

Sachlich und ohne Moralvorschriften hoffe ich mit anderen Kletterern und Laien reden zu können. Auch morgen noch. Nichts ist mir beim

S. Glowacz

Categoria maschile

	Concorrente	*Naz.*	*Difficoltà Punti*
1	GLOWACZ Stefan	BRD	2300
2	GODOFFE Jackie	FRA	2300
3	RENAULT Thierry	FRA	2300
4	RABOUTOU Didier	FRA	2300
5	SCHLOTTER Michael	BRD	2300
6	DUBOC Alexandre	FRA	2300
7	BASSI Roberto	ITA	2250
8	GALLO Andrea	ITA	2250
9	PEDRINI Marco	SUI	2250
10	MICHAUT Alain	FRA	2250
11	ROVERSI Mario	ITA	2250
12	ZANONE Piero	ITA	2250
13	PRETI Marco	ITA	2050
14	LAILLE Harvé	FRA	2050
15	BELLIN Eric	FRA	2050

Categoria femminile

1	DESTIVELLE Catherine	FRA	2000
2	JOVANE Luisa	ITA	2000
3	ROLLAND Martine	FRA	1750
4	STUTZ Corinne	SUI	1500
5	LATHOUMETIE Florance	FRA	1400
6	LANZA Emanuela	ITA	950
7	SCAGLIONI Giuliana	ITA	950

»Was mir heute sehr viel zu denken gibt, ist ›Schreibtisch-Alpinismus‹. Es besteht eine große Lücke zwischen dem, was in den Klettergebieten, in den Alpenwänden oder im Himalaja geschieht, und dem, was davon in die Öffentlichkeit kommt. Die Schuld daran liegt an der Oberflächlichkeit der Medien; dabei ist die alpine Fachliteratur nicht ausgeschlossen. Es ist einfach lächerlich, wenn ein Reinhold Messner über Sportklettern schreibt.« (Heinz Mariacher)

L. Jovane, H. Mariacher

»Wir sind Profis. Wir denken nur ans Klettern, ans Trainieren, um unsere Leistungsgrenze weiter nach oben zu schieben. Wir finden keine Zeit, darüber zu schreiben.« (Luisa Jovane)

»Kletterer, die nichts anderes im Sinn haben als klettern, dürfen sich nicht darüber wundern, wenn sie von Laien als Menschen mit affenartigen Verhaltensmustern gesehen werden.« (Reinhold Messner)

»Nun werden die Sponsoren nicht mehr mit Namenslisten zu mir gelaufen kommen, um mich zu fragen: Wer von diesen ist es wert, gesponsert zu werden? Es wird reichen, daß sie die Bewertungen lesen.« (Emanuele Cassarà)

»Ob die alpinen Sportler selbst aus dieser Sackgasse finden werden oder ob sie erst künftige ›Rennen‹ herausreißen, bleibt sekundär, es ist Zeit für eine Korrektur.«
(Reinhold Messner)

Rechts: Abseilen beim ersten Eiswettklettern in der UDSSR, Kaukasus.

Bergsteigen mehr zuwider als dieser zur Schau getragene »Idealismus«, diese zum Instinkt gewordene Unwahrheit »Selbstopferung«, diese Halbwahrheit »es macht mir Spaß«. Der Mode wegen aber verzichte ich auch nicht auf meine Identität oder auf meine Sprache.
Ich möchte das Bergsteigen vom Trend lösen, es müsse etwas Besonderes sein. Auch davon, es müsse verschleiert werden. Es muß auch nicht immer schwieriger werden. Es geht wohl darum, ein Medium, eines von vielen, auszuschöpfen für unser Menschsein.
Unsere Zeit werden wir deshalb daran zu messen haben, wie intakt wir die Gebirge als Medium den nächsten Generationen überlassen. Sicher nicht daran, wieviel Goldmedaillen wir gewonnen oder wie geheimnisvoll wir uns ausgedrückt haben.

Zur Leistungsgrenze getrieben

»Ich bin ausgesprochen gegen das Wettkampfbergsteigen – in welcher Form auch immer –, weil es das Wesen des Kletterns zerstört, das im Wesentlichen Freiheit ist.«
(Bernard Newman)

Wie viele von uns werden zu Leistungsgrenze getrieben! Der sportliche Wettkämpfer von der anfeuernden Zuschauermasse; der Angestellte vom vorgegebenen Soll; der Freiberufler von den Konkurrenten. Diese Fremdbestimmung ist ein Syndrom unserer Zeit. Gestern war sie nicht so groß. Ich denke nicht, daß es die Absicherungen in der modernen Wohlfahrtsgesellschaft sind, die uns an die Leistungsgrenze treiben oder locken. Es sind vielmehr Mechanismen der Wirtschaft und des Sports. Der Konkurrenzkampf unter den Menschen wird zusehends härter. Die Menschheit wird ja auch immer größer.
Trotzdem wäre mein Alltag oft langweilig, wenn ich ihn nicht sprengen könnte. Erfahrungen mache ich in erster Linie, wenn ich mich bis an meine Grenze verausgabe, wenn ich riskiere.

Zuschauer beim Wettklettern in Bardonecchia

»Das war mein erster und letzter Wettkampf. Ich klettere zum eigenen Vergnügen und nicht für die Leute. Ich bin aus Neugier gekommen. Ich wollte sehen, wie das ist. Der Wettkampf macht mich nervös.« (Stefan Glowacz)

»Die Stars in der Kletterszene wechseln. Sie kommen so schnell, wie sie gehen. Die Sechzehnjährigen werden die Zwanzigjährigen verdrängen. Ehe einer bekannt wird, ist er vergessen.« (Reinhold Messner)

Konkurrent im Fels, Italien

Zuschauer in Bardonecchia

»Wettklettern würde ich in einer 1000 Meter Wand im dritten Grad. Im Klettergarten, mit Sicherung von oben verliert es den Reiz.« (Hans Kammerlander)

Links oben: Sieger in Bardonecchia

Sieger im Kaukasus

Konkurrent im Eis, UDSSR

Zuschauer im Kaukasus

Inzwischen gibt es gerade unter den Sportkletterern wieder viele junge Leute, die im Klettern nicht den gesamten Lebensinhalt erblicken. Sie geben sich der Faszination, aber auch den nicht geringen physischen Anforderungen dieser Passion innerhalb der Grenzen ihrer Freizeit hin. Und erreichen beachtliche Erfolge. Das Wettklettern interessiert sie am Rande, weiter nicht.

»Ich stelle fest, daß die Spezialisierung auch bei uns immer weiter voranschreitet. Wettklettern und Psychoklettern sind nur zwei Spielarten.« (Wolfgang Güllich)

»In Europa ist es nicht wie in der Sowjetunion. Hier zählt mehr der Stil.« (Jacky Godoffe)

Schiedsrichter mit Megafon und Punkteliste, Kaukasus.

»Wir wollen keine Trainer oder Richter, weil Klettern vor allem ein persönliches Suchen ist.«
(Manifest der neunzehn französischen Spitzenkletterer, die sich gegen das Wettklettern aussprechen)

»So wie es Skirennen gibt – und kein Skitourengeher im Traum daran denkt, sie abschaffen zu wollen –, so sehe ich nicht ein, warum es für das Wettkampfklettern keinen Platz geben sollte.«
(Bernard Amy)

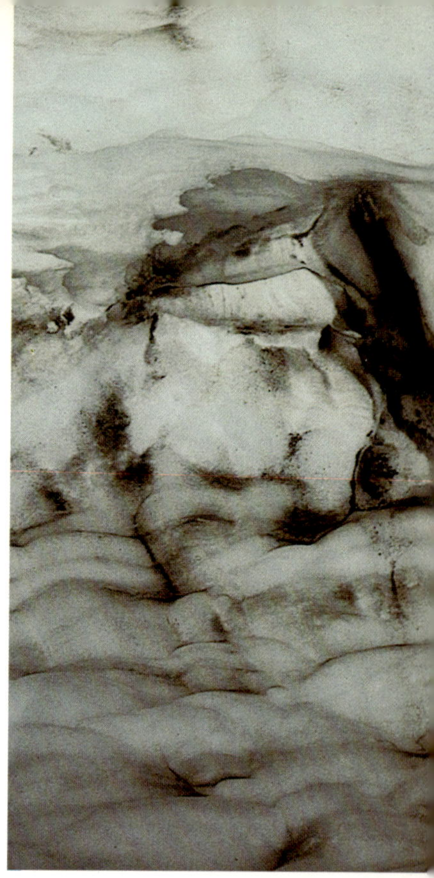

Vielleicht reichen herkömmliche Spitzenleistungen wirklich nicht mehr aus, herauszuragen aus der Masse der Könner. Daher der Traum vieler Starkletterer vom Wettkampf.

»Ich entdeckte in Rußland beim Wettklettern neue Empfindungen: die Masse, die zuschaut; die Befreiung des Körpers beim Start.«
(Thierry Renault)

Schiedsrichter, Wettkletterer und Zuschauer am Start. Kaukasus.

Eiswettkletterer mit Nummern im Kaukasus. 3 verschiedene Passagen.

»Es ist eine ausgezeichnete Idee, Wettkämpfe zu veranstalten; noch wichtiger, sich gemeinsam zu vergnügen. Dabei ist Klettern eine ernste Sache; es ist wichtig, sich gegenseitig anzuregen.«
(Jerry Moffat)

»Hier gibt es nur noch Gegner, und je mehr es zu gewinnen gibt, desto schlimmer der Konkurrenzkampf!« (Marcus Lutz)

»Man hat von Romantik geredet, man hat das Leistungsstreben, den Ehrgeiz und den Konkurrenzkampf verurteilt. Ich sage am besten gleich, daß die Leistung für mich das Wichtigste ist, daß ich die Konkurrenz suche und daß ich ehrgeizig bin. Ich möchte die beste Kletterin der Welt werden.«
(Luisa Jovane)

Hände auf Griff

S. Glowacz

L. Jovane

S. Glowacz, R. Cassin, A. Risso, A. Mellano bei der Siegerehrung in Bardonecchia

Felswettkletterer Laille Arvé in Aktion

»Es ist wichtig, das Klettern nicht als eine Flucht oder nur als ein Unternehmen zu begreifen. Das ist der Grund, weswegen ich gegen den Wettkampf beim Bergsteigen bin. Wenn ich mitspielen wollte, würde das mein Leben stark prägen. Ich wäre ständig zu einem aufreibenden Training gezwungen, häufig zu ermüdenden Reisen von einem Ort zum anderen. Fast als wäre es ein Streß. So wird man aber zum Sklaven der Bergsteigerei.«
(Patrick Berhault)

»Die vielen Zuschauer und die regelrechte Stadionatmosphäre haben viel Spaß gemacht und toll stimuliert. Beim Schnellklettern haben sie mich geradezu nach oben gepeitscht. Aber irgendwie ist das Ganze auch etwas pervers. Du kommst dir nicht mehr vor wie ein Kletterer. Schon eher wie ein Clown für die Massen. Außerdem herrschte unter den Teilnehmern zum Teil ein furchtbares Konkurrenzdenken«.
(Stefan Glowacz)

Reibungskletterschuh auf großem Tritt.

ENERVIT
ASOLO

Annapurna '85

An der Annapurna-Wand, 1977 vom Dhaulagiri her als Problem entdeckt, gebe ich uns anfangs wenig Chancen. Daß Hans und ich als Seilschaft klettern, ist selbstverständlich. Wir kennen uns, vertrauen einander, sind aufeinander eingespielt.

Hans ist wie ein Tier auf den Sprung vorbereitet. Seiner Entschlossenheit verdanke ich den Annapurna-Erfolg. Wir klettern die riskanten Stellen sehr schnell und nützen die einzige Chance für einen frühen Aufstieg zum Gipfel.

Die zweite Seilschaft, bestehend aus Patscheider, den wir »Bagger« nennen, dem Nordtiroler Lehrer Schiestl und dem Baghwan-Schüler Darshano, startet mit wenig Erfolgsaussichten. Die Schneeverhältnisse in der Wand sind schlecht, Darshano ist den anderen beiden eher eine Belastung als eine Hilfe. Ein Absturz von Patscheider, beim Beginn des Rückzugs, kann nur dank seiner Ausdauer und glücklicher Umstände gebremst werden.

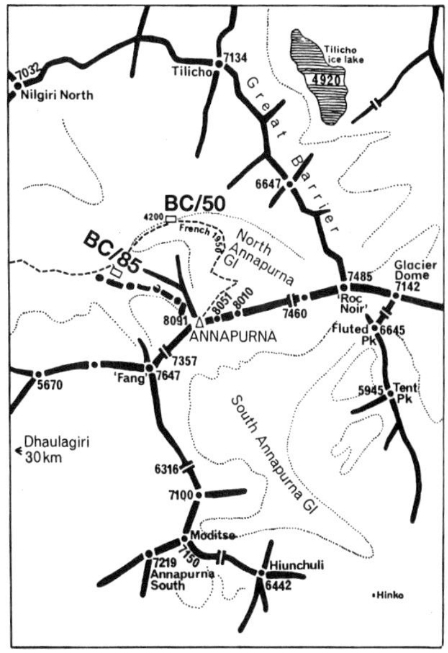

Die Annapurna I von Nordwesten. In der Riesenverschneidung zwischen Hauptgipfel und Schulter verläuft die Messner-Route ▬ • ▬ • ▬

Der Angst zum Trotz

Da, ja, da liegt ein Toter! Eine Knochenhand greift in die treibenden Nebel. Grau der Schnee, grau die Nebel, nur die ausgetrockneten Finger sind schwarz.

Dieses Bild, am Fuße der Annapurna im aufkommenden Schneetreiben im Vorbeihetzen festgehalten, hat nichts Erschreckendes. Der Tod gehört in dieser bizarren Gletscherwelt dazu, und wir haben keine Zeit zu rätseln, wer dieser Tote sein könnte. An der Annapurna sind mehr als drei Dutzend Menschen ums Leben gekommen, mehr als den Gipfel dieses Achttausenders in Nepal je erreicht haben.

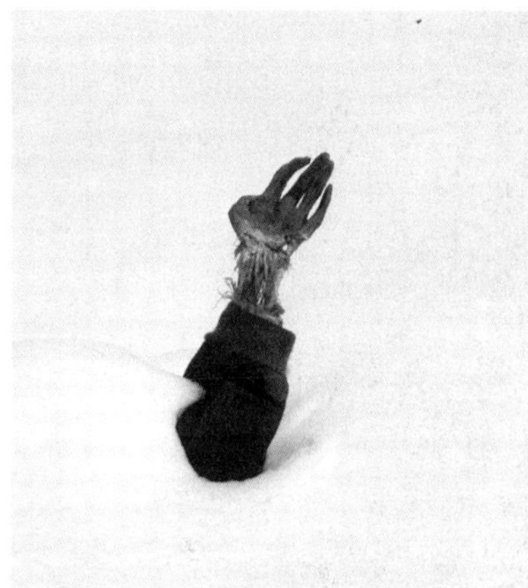

Hand eines Toten im Schnee, Annapurna

Totengedenkstein am Fuße der Annapurna

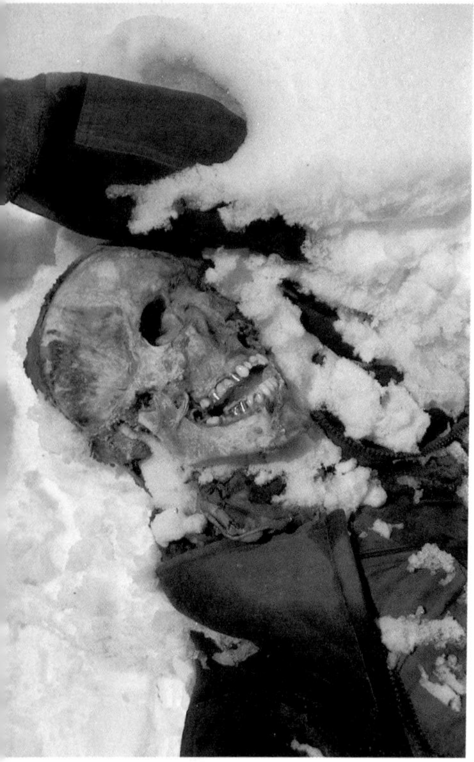

Toter an der Annapurna

Die Annapurna von Norden, Herzog-Weg

Wir müssen einen Biwakplatz finden, ehe die Orientierung unmöglich wird. Also weiter, der Tote ist tot, es ist ihm nicht mehr zu helfen.
Hans Kammerlander, der junge Bergführer aus dem Südtiroler Ahrntal, drängt zur Eile. Wir sind am frühen Morgen im Basislager unter der Nordwestwand der Annapurna aufgebrochen, um uns jenen »Normalweg« einzuprägen, den Franzosen 1950 erstmals begangen haben. Schon mittags sind wir von den Nebeln eingeholt worden, die seit den Morgenstunden aus dem engen Miristi Khola heraufdrängten. Jetzt schneit es.

Unmittelbar über Lager I, das wir wenige Tage vorher errichtet haben, steht die Nordwestwand so abweisend da, daß ich an eine Hoffnung des Durchkommens die Angst knüpfte, nicht mehr herunterzukommen.
Für jeden von uns fünf beginnt das große Fragezeichen oberhalb des ersten Hochlagers. Als wir dort standen und die Steinlawinen hörten, die am Nachmittag den Kessel am Wandfuß mit Donner ausfüllten, hatten wir Angst. Trotzdem, wir wollen es versuchen. Wir wollen aber auch eine Hintertür offen haben, eine leichtere Route für den Fall, daß nach der Erstbegehung durch die konkave Nordwest die Kraft für den Abstieg nicht mehr reicht.
Während Hans und ich die Franzosenführe in der Nordflanke studieren, steigen Reinhard Patscheider, Reinhard Schiestl und Prem Darshano ein gutes Stück über die Nordwestwand hinauf. Für den Abstieg brauchen wir im unteren Teil fixe Seile, zur Rückendeckung. Die Himalaja-Neulinge, vor allem die beiden Reinhards, beweisen Ausdauer und Einsatzbereitschaft.
Als sie herunterkommen, um sich ein paar Tage lang auszurasten, gehen Hans und ich in die Wand. Wir wollen Lager II erstellen und das zweite Wanddrittel erkunden. Über den von den Kameraden präparierten Weg steigen wir bis auf 6000 m Meereshöhe. Im Schutz einer Randspalte bauen wir ein kleines Zelt auf und richten uns auf drei Quadratmeter ein, um zu biwakieren. Als wir die Rucksäcke packen, drängt Hans darauf, alles mitzunehmen, auch Ausrüstung und Verpflegung für einen Gang bis zum Gipfel. Man kann nie wissen.
Ob wir zu zweit die geringste Chance haben, diesen Berg über diese Wand zu besteigen? Wieder überfällt mich diese alte, oft und oft abgelegte Angst, eine Unsicherheit, die ich trotz vierzehn Achttausender-Besteigungen nicht ablegen kann. Die objektiven Gefahren wie Blitz und Schneesturm, Steinschlag und Lawinen, die eigene Schwäche, ich habe sie so oft erlebt, daß diese Angst mit wachsender Erfahrung nicht geschwunden ist. Sie ist gewachsen, Jahr für Jahr, mit jeder Besteigung. Mehr noch mit jedem Scheitern.

Die drei Neulinge sollen Gelegenheit haben, dies zu erfahren. Ich will ihnen eine Chance geben, die größten Dimensionen des Bergsteigens kennenzulernen. Ich habe sie eingeladen, weil ich sie als Bergsteiger hoch achte, unterordnen müssen sie sich mir nicht.
Der Angst zum Trotz, Hans hat recht. Vielleicht kommen jetzt und nur jetzt die paar Schönwettertage, die eine derartige Erstbegehung möglich machen. Wie rasch Hans gelernt hat, diese Achttausender einzuordnen, im richtigen Augenblick an der richtigen Stelle zu sein! Keine Chance vertun ist seine Devise.
Die Verhältnisse in einer so großen Wand sind selten gut. Vielleicht haben wir das Glück, das diese Erstbegehung verantwortbar macht.

Im Eisbruch am Fuße der Annapurna-Nordwestwand

Am 22. April verlassen wir das Biwak im Morgengrauen. Über Schnee und Blankeis klettern wir bis zu einem glatten Felsriegel in der Wandmitte, überwinden diesen mit ein paar delikaten Quergängen nach rechts – Hände und Füße platt am Fels – und steigen dann stundenlang unter riesigen Séracs gerade empor. Das Eis ist glashart und wulstig. Die Tiefe unter uns ist atemberaubend. Zweitausend Meter bricht die Wand nahezu senkrecht unter uns ab. Über uns eine unendliche Mauer aus Fels, Eis und schwarzem Himmel.
Wir haben nicht bemerkt, wie schnell sich das Tal verfinstert. Plötzlich, über dem vorletzten Sérac steigen wir im Schneetreiben. Weit und breit nur graue undefinierbare Hänge. Zeitweise blitzen Sonnenstrahlen wie Scheinwerferlicht zwischen die jagenden Nebel. Unter einem spitzen Eisturm erahnen wir einige Handbreit flachen Boden. Es reicht nicht, um einen Zeltplatz einzuebnen. Trotzdem versuchen wir es. Es bleibt uns nichts anderes übrig, wir haben keine andere Wahl. Noch ehe das Zelt steht, tobt ein Gewitter. Ohne Schutz in der Wand zu kauern, gebeutelt vom Sturm, ohne Sicht, so daß man sich nicht rühren kann, das hätten wir nicht bis zum nächsten Morgen ausgehalten. Auch zu zweit nicht. Schon die wenigen Meter bis zum Biwakplatz sind lang gewesen. Der Sturm ist so stark, daß wir das Sprechen vollkommen unterlassen. Als gäbe es keine Rufverbindung mehr von Gesicht zu Gesicht. Solche Stunden bleiben im Gedächtnis. Die Bilder dazu umfassen einen Raum von zwei mal zwei Meter. Voll mit Angst. Die Geräusche sind ein Heulen draußen und das Knallen der Zeltwände. Wie Peitschenknallen. Im Zelt, auf schmaler Leiste zwischen Spalte und Abgrund, warten wir das Schlimmste ab.
Nach dem letzten ausrollenden Donner atmen wir auf. Leider dauert die Ruhe nicht lange. Es ist ungefähr fünf Uhr, als Blitz und Donner wieder näher kommen. Wieder ducken wir uns bei den nahen Einschlägen instinktiv. Ich kauere im winzigen Sturmzelt, ohne mir zu sagen, was ich denke. Erst nach Stunden werde ich müde und vor Kälte gleichgültig. Beide schlafen wir zwischendurch ein.
In so gefährlichen Situationen gibt es nur einen Ausweg: Das Einigeln. Ich lege mich im Schlafsack auf die Matte und lasse den Sturm heulen. Ich nehmen nichts mehr an. Keine Bedrohungen. Keine Ängste. Kein Morgen. Ich habe aufgehört zu reagieren. Dieses Selbstvergessen hat mich öfter unter lebensgefährlichsten Umständen am Leben erhalten, gerettet durch die Bereitschaft zum Tod. Dieser Einklang mit dem Tod als lebenserhaltende Ruhe ist eine Art Winterschlaf. Man erholt sich sogar dabei.

»Die Besteigung eines Achttausenders über eine Route, die andere vor mir vorbereitet haben, würde mich nicht voll befriedigen. Wenn ich nicht von Anfang an dabei sein könnte, würde ich lieber verzichten.« (Hans Kammerlander)

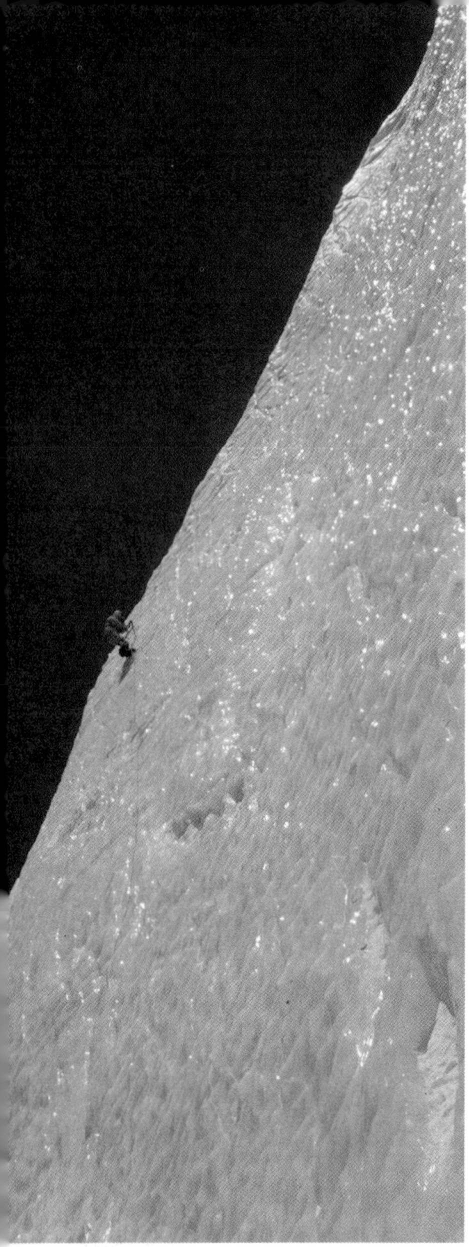

H. Kammerlander im letzten Eissérac unterm Gipfelgrat

Der Winterschlaf wirkt auch unten im Tal belebend. Um wie vieles lebendiger wäre der Mensch, wenn er im Frühling aus seiner Wohnung kröche, abgemagert, neugierig, lebenslustig und Jahr für Jahr wieder von vorne anfinge!
So vergeht die Nacht. Meine Vitalität sinkt auf den niedrigsten Punkt seit Jahren.

Am Morgen ist das Wetter wieder gut. Beide fühlen wir uns stark, ausgeruht. Also weiter. Am 23. April steigen wir nun nochmals 350 Meter höher, biwakieren zwischen Felsen und dem letzten Eispilz. Wieder Sturm. Wieder liegen wir in den Schlafsäcken da, ruhig, die Augen geschlossen, bemüht eine Nacht lang alle Sinne zu bremsen. Auch Denken fordert Energie. Jetzt können wir darauf verzichten. Das Leben auf Sparflamme gestellt, dösen wir dahin. Bis einer einen Blick aus dem Zelt wirft.
Um vier Uhr morgens ist die Nacht in siebeneinhalbtausend Meter Meereshöhe so hell, daß man keine Taschenlampe braucht. Es scheint kein Mond. Trotzdem können wir im Zelt sehen. Die Gletscher spiegeln den Himmel wider. Der dunkle Fels dazwischen erscheint wie Reste aus dem Weltall. Der Wind jagt mit derartiger Geschwindigkeit über den Grat, daß Schneestücke mitfliegen. Trotzdem eine Katastrophe ist dies nicht. Katastrophen erfinden nur wir Menschen. Eine Katastrophe wäre es, wenn einer von uns mitgerissen würde oder erfröre.
Trotz des starken Windes richten wir uns zum Aufstieg her. Die Innenschuhe werden im Schlafsack gewärmt, Schnee wird geschmolzen. Umständlich ziehen wir uns an. Alles bis auf die Steigeisen, die an einer Ecke außen am winzigen Biwakzelt hängen, haben wir die Nacht über irgendwie als Unterlage benutzt.
Die ersten Schritte vor dem Zelt tue ich unsicher. Man kann kaum stehen und sich nicht halten, außer am Zelt. An eine Seilsicherung ist nicht zu denken. Hans geht sofort los, als er fertig ist. Ohne zu reden, ohne zu zögern, scheinbar ohne Vorbehalt. Wie er bei dieser Kälte und diesem Sturm über die glasharte Eiswand unmittelbar überm Biwakzelt klettern kann, ist so absurd, daß ich nicht einmal den Kopf darüber schüttle. Seine Entschlossenheit reißt mich mit, nimmt mir einen Teil meiner Angst. Der Grat darüber erscheint mir zuerst unwirklich. Als wir dort sind, nach einem endlosen Aufstieg über zerfurchte Eisflächen ist er messerscharf. Wir zögern nicht lange, klettern. Zuerst abwärts, dann über senkrechte Stufen aufwärts. Zwischen den quellenden Nebeln im Süden und dem aufgeworfenen Schneestaub im Norden finden wir

Der Gipfelgrat an der Annapurna I

unseren Weg. Aus der Nähe wirken die Felskanten wie Stufen ins Nichts. Senkrecht klebt der Schnee an der Südseite, der Fels bröckelt, wenn wir ihn anfassen. Kein guter Fels. Griffe, die nicht halten, reißt der Sturm fort.

Wir klettern immer noch am Gipfelgrat, der kein Ende nehmen will. Nur der Sturm ist zu hören, sonst kein Ton. Sogar unsere eigenen Geräusche – Atmen, Zurufe, das helle Klingeln, wenn der Eispickel gegen Felsen schlägt – gehen unter in diesem alles einfassenden Lärm. Ein Getöse, wie im U-Bahn-Schacht, wenn der Zug vorbeifährt. Die Zakken und Türme über uns stehen stahlscharf gegen den schwarzblauen Hintergrund des Himmels. Später, knapp vor dem Gipfel, erscheinen sie heller, während die Abgründe links und rechts jetzt ganz mit dichten Nebeln gefüllt sind.

Wir klettern fast alles gleichzeitig, ohne schulmäßige Sicherung und brauchen doch eine halbe Ewigkeit, um den jeweils nächsten Felsabsatz zu erreichen. Der Schnee ist hart, und wenn wir uns zwischen Firn und Fels entlangtasten, wissen wir oft nicht, wo wir sind. Wochenlang haben wir diese Wand und den Grat studiert. Wir haben uns die Gestalt des Berges gemerkt, eingeprägt wie eine Plastik. Trotzdem, jetzt sind wir darin verloren. Vom Bild, das wir uns gemacht haben, ist nichts zu sehen. Nur Schneefirste und steile Felsen. Wie Findlinge jetzt diese Felsen in der grellhellen Schneefläche. Ich wundere mich, daß diese kolossalen Felsbrocken nicht früher schon abgestürzt sind.

Hans wirkt gelassen. Wenn er mit der Hand nach Griffen sucht oder den Pickel in den Schnee rammt, um sich daran hochzuziehen, zweifle ich keinen Augenblick lang an unserem Erfolg. Er ist heute die treibende Kraft.

Es ist wenige Minuten nach elf Uhr, als Hans stehen bleibt, sich zu mir umdreht. Plötzlich stehen wir auf einem festen Schneekegel. Keiner erinnert sich später, zuerst den Gipfel wahrgenommen zu haben. Wir stehen da, stolz und gleichzeitig in Eile. Nichts von der üblichen Enttäuschung am Gipfel. Wir müssen, um Erfolg und Leere auskosten zu können, erst wieder hinunter. Der Abstieg ist lang. Diese Sorge bedrückt uns.

»Denn anders als die Traditionalisten aus der La-Montanara-Riege erkannten die professionellen Sportausrüster sehr schnell, daß mit Freiklettern ein Sport hochkam, für den sich Grüne, Aufsteiger und Ausflipper gleichermaßen begeistern konnten. Waren von ihm doch so verschiedene Begriffe wie Naturnähe, Leistungswille, Nonkonformismus abgedeckt.«

(Der Spiegel)

H. Kammerlander im Abstieg in der Annapurna-Nordwestwand

»So wie ich aus den Wortfetzen aus dem Funkgerät einige Daten entnehme, mache ich einige Bilder. Als ob uns nur noch diese technischen Geräte mit der Welt unten verbänden. Hier oben herrscht Überlebenswettlauf.«
(Hans Kammerlander)

Auch um den Gipfel hängt jetzt leichtes, fliehendes Gewölk. Beim Abstieg müssen wir uns zuerst an das ständige Hinunterschauen gewöhnen. Obwohl wir oft nur den nächsten Felsen sehen, die Leere scheint bodenlos. Nicht nur hinunterfallen ist gefährlich, auch obenbleiben. Diese Angst gestehen wir einander nicht ein. Wir schweigen, und dieses Schweigen hilft auch über die Tatsache hinweg, daß der Sturm unsere Worte erstickt. Nicht immer können wir am Grat bleiben, einmal verlassen wir diesen über eine Rinne in die Wand rechts, einmal umgehen wir einen Felsturm links.
Solange man abwärts klettert, ist Erschöpfung wie eine Art Opium im Körper. Müdigkeit als Wohlgefühl. Ich weiß dabei aber, daß wir uns nicht mehr setzen dürfen, um zu rasten. Wir würden nicht wieder auf die Beine kommen. Keine Ahnung, was wir denken, als wir am Fuße des steilen Gipfelgrates sind. Keuchend mühen wir uns aufwärts. Links neben uns die schmale Firnschneide, unter uns glatte, braune Felsplatten. Es ist längst Mittag vorbei. Schneefall kündigt sich an. Schneller können wir unmöglich klettern. Fingerspitzen und Fußsohlen sind schon lange gefühllos. Die paar Fotos am Gipfel hätten wir uns sparen

H. Kammerlander vor der Schlüßelstelle an der Annapurna-Wand

sollen. Hoffentlich habe ich keine Erfrierungen. Das schlimmste aber ist der Neuschnee, die damit verbundene Lawinengefahr.
Öfter höre ich Stimmen oder das Kreischen, wenn Steigeisen über Felsplatten rutschen. Die anderen können es nicht sein, sie sind uns erst für den späten Nachmittag avisiert. Es ist jetzt zu kalt, um sie nochmals anzufunken. Eine Stunde vergeht, und wir steigen über jene

spiegelnde Eisfläche ab, unter der unser Biwakzelt steht. Bald in der Sonne, bald im Schatten erlebe ich die Vorsprünge der Wand unter uns bald als rettende Flächen, bald als Nichts. Diese Wand ist nicht von Menschen gebaut, aber was beweist das schon!

Das Zelt ist im Nu abgebaut, all unsere Ausrüstung im Rucksack verstaut. Man kann nie wissen, für alle Fälle. Wir haben noch drei Eisschrauben aus Titan und zwei Mauerhaken, dazu zwei Seilstücke von 15 und 30 m. Das kurze Stück Seil lassen wir gleich unter der Biwakstelle hängen, dazu opfern wir einen Mauerhaken. Über ein Felssims erreichen wir die Firnabdachung, auf der wir am Vortag das Gewitter abgewartet haben. Von unserer Spur keine Spur mehr. Trotzdem finden wir den Eisturm, der jetzt gespenstisch den Nebel teilt, der uns die Richtung weist. Wir halten uns zuerst rechts, dann in Fallinie von ihm abwärts. Bald stehen wir auf dem oberen Séracriegel, auf diesem zweiten Balkon in der 3000 m hohen Wand. Stundenlang klettern wir instinktiv rechts von ihm abwärts. Vorsichtig, mit dem Gesicht zur Wand. Ein Ausrutscher und der freie Fall wäre nicht mehr zu bremsen.

Endlich taucht in der Schneerinne tief unter uns eine winzige Gestalt auf. Es ist Reinhard, der »Bagger«. Er trägt ein Seil mit sich. Als wir uns auf dem Schneeband unter dem glatten Plattenschuß begegnen, ist er zu aufgeregt, etwas zu fragen. Wir sind zu müde, um zu antworten. Also starren wir uns nur an. Zum Glück ist über Funk alles vereinbart. Reinhard fixiert also das Seil, und wir lassen uns daran hinab, Armlänge um Armlänge. Ab und zu schweben Schneerutsche an uns vorbei. Irgendwo klirren Eissplitter. Weiter oben springen häufig Steine durch den Nebel. Einer trifft mich am linken Knie.

Ich sehe, wie die Steinbrocken weit unten in gewaltigen Sätzen ins Leere verschwinden, und weiß, es ist ein Irrtum durch diese Rinne abzusteigen. Reinhard Schiestl kommt auch noch durch diese Rinne herauf! Aller Schnee sammelt sich hier, alle Eissplitter, alle Steine. Die stürzenden Steine haben einen tiefen Graben in der Mitte der konkaven Wand ausgeschlagen. Links und rechts davon steigen wir abwärts. Es dauert endlos.

Wenn wir Lager II erreichen, werden wir überleben. Trotz Schneesturm. Darunter ist die Wand abgesichert. Ein wohltuender Gedanke jetzt. Plötzlich ist der Firn in der Rinne zu Ende. Reinhard fixiert ein Seil an seinem Pickel, an dem Hans und ich uns hinabhangeln. Ein Zeichen und das Seil, das Reinhard losbindet, schlingert an uns vorbei. So überwinden wir auch die letzte Kletterstelle vor dem Lager und stapfen im Schnee zu den verschneiten Zelten.

Was nun folgt, ist eine Schneenacht ohne Hoffnung. Eine Nacht ohne Schlaf. Die Momente des Dösens immer wieder zerrissen von Schneerutschen, die auf die Zeltplanen prasseln, von Schreien der Kameraden, die Angst haben zu ersticken, den dumpfen Tritten Reinhards, der von zehn Uhr ab den Lagerplatz ausschaufelt. Immer wieder.

Allein im Zelt – Hans hat sich mit Schiestl ein Schneeloch gegraben – komme ich mir vor wie im Grab. Das Leben geht draußen weiter. Für mich nicht erreichbar, somit uninteressant.

Anderntags steigen wir trotz Lawinengefahr ins Basislager ab. Wer weiß, wie lange wir hier oben auf bessere Verhältnisse warten müßten.

Als wir zehn Tage später das Basislager verlassen, steht die Wand der tausend Ängste beängstigend schön im Talhintergrund. Wir haben sie gemacht. Die Gefahren sind vergessen. Als wir uns im Miristi Khola noch einmal umdrehen und hinaufschauen, hat der Realitätsverlust schon begonnen, der der Erinnerung an jedes Abenteuer anhaftet.

»Die Steinsalven, die links und rechts von uns im Schnee einschlagen, müssen uns treffen. Wenn man sie sehen könnte, wäre die Angst weg. So aber, im dichten Nebel, ist jedes Surren wie ein Treffer.« (Hans Kammerlander)

Abstieg unterhalb von Lager II in der Annapurna-Wand

Realität und Traum

Realität und Traum können deckungsgleich werden. Du denkst dir etwas aus, hast eine Idee und bist später fähig, diese in der Realität zu leben. Das gibt ein Gefühl von Einssein von Geist, Körper und Kosmos. Selten habe ich soviel innere Harmonie verspürt wie nach einer Erstbegehung, die ich genau nach meinen Vorstellungen verwirklichen konnte. Oft komme ich mir dabei vor wie ein Architekt oder ein Maler. Die gekletterte Linie, der schöpferische Akt dabei, macht mich stolz. Keinen Augenblick lang die Notwendigkeit, mich legitimieren zu müssen. Diese gelebte und trotzdem nur denkbare Linie in der Wand, meine Route, ist ein Beweis meines Geistes.
Leider können nicht alle Ideen, die auftauchen, verwirklicht werden. Oft sind sie denen, die diese Ideen hervorbringen, zu kostspielig, zu riskant. Das meiste, was verwirklicht wird, ist die Nachahmung geistigen Fortschritts anderer. Deshalb so wenig Selbstverständlichkeit im Bereich Leistungsgrenze, auch deshalb der Wettlauf als Ansporn dafür.
Ich versuche immer wieder neue Ideen zu verwirklichen, auch mit dem Risiko des Scheiterns dabei. Bergsteiger, die besser sind als ich, gehen ihm häufig aus dem Weg.

Die Nordwestwand der Annapurna I. Über den Pfeiler rechts versuchten Franzosen und Canadier einen Durchstieg. Links in den schwarzen Felsen scheiterten zweimal Troillet und Steiner.

Mädchen im Kali Gandaki.

Dhaulagiri und Tuktche-Peak von Süden.

»Der Himalaja ist zu einem ›schwarzen Fleck auf der Landkarte‹ vermessen, erschlossen, beschrieben worden. Wiederentdekken kann ihn nur eine junge Generation von naiven Bergsteigern.«
(Reinhold Messner)

R. Schiestl, H. Kammerlander, R. Patscheider am Gore-Pani-Paß.

»Es ist wahr, die Bergsteiger liegen vielfach im Wettkampf miteinander. Die von A konkurrieren mit denen von B. Mayer gegen Huber, Nachbar gegen Nachbar.«
(Reinhold Messner)

»Ich bin gegen den Wettkampf, weil mir das Klettern aus der Seele kommt.« (Aldo Leviti)

Alte Frau im Kali Gaudaki zwischen Annapurna und Dhaulagiri

»Wieviel Ungereimtheiten muß ich mir über ›saubere Berge‹ und Ehrgeiz anhören. In den Alpen von Wanderern, im Himalaja von Trekkern.« (Reinhold Messner)

»Jemand, der beim Wandern Stempel sammelt, ist – aus meiner Sicht – von der Natur weiter entfernt als ein Kletter-Freak, der ab und zu einen Zigarettenstummel in ein Felsloch stopft.« (Rudi Lindner)

Trägerin am Annapurna-Anmarsch-Weg

»Nicht die Sonntagsbergsteiger und nicht die Spitzenalpinisten sehen den Alpinismus unter kitschigen Vorzeichen, es sind vielfach jene Halbprofis, die ganze Profis sein möchten, aber nur halbherzig zu ihren Motivationen stehen. Gerne unterstellen sie ihren erfolgreicheren Konkurrenten jene ›Sünden‹, die sie an sich selbst nicht sehen wollen. Haben sie sonst nichts zu verkaufen?« (Reinhold Messner)

»Der Berg als Beruf; früher wurde man Bergführer. Heute werden die großen Unternehmen mit Hilfe von Sponsoren durchgeführt; je tüchtiger du bist, desto ›wertvoller ist dein Name‹, und je größer dein Name, desto mehr Sponsoren hast du. Sie bieten die wichtigste Einnahmequelle der Athleten.«
(Laura Putti)

»Gesponsort werden dementsprechend bekannte Namen, große Teams.« (René Desmaison)

»Noch organisiere ich auch mein wirtschaftliches Leben selbst. Ich habe Manager gehabt. Nach ein paar Monaten hatte ich sie satt. Eine Anfrage vom Mac Cormack-Büro schlug ich aus. Ich möchte keine Marionette werden.«
(Reinhold Messner)

»Daß Reinhold bergsteigen kann, weiß ich. Daß er laut schreien kann, daß seine Stimme den Sturm übertönt, ist mir neu. Sein Brüllen reicht aus, die Träger weiterzubringen, die am Thulo Begin im Schneetreiben aufgeben wollen. Reinhold wird mit einem Trägerstreik ebenso fertig wie mit der Orientierung im dichtesten Nebel.« (Hans Kammerlander)

Lager beim Anmarsch zur Annapurna

Aufstieg im Schneesturm zum Thulo-Begin

R. Messner auf dem Weg zur Annapurna I

»Der Sponsor erwartet eine Gegenleistung, er tätigt eine Investition, und er bevorzugt dabei Konstellationen von hoher Erfolgswahrscheinlichkeit.«
(René Desmaison)

Alle »selbstlosen« Bergsteiger sind mir suspekt. Sie haben keine Ansprüche, außer den, etwas Besonderes zu sein. Meine Erfahrungen geben mir übrigens das Recht, sie als Parasiten zu entlarven. Sie »leben« von der direkten oder indirekten Kritik ihrer »Kollegen«.

R. Patscheider und H. Kammerlander beim Anmarsch zur Annapurna I.

Träger bei der Rast

»Wir Bergsteiger seien auf der Flucht, sagen die Realisten. Vielleicht. Sicher bin ich nur, ich fliehe nicht vor etwas oder jemandem; mein Unterwegssein ist eine Flucht hin zum Geheimnisvollen.«

(Reinhold Messner)

Unsere Wand, die Nordwestwand, erscheint von unten so steil, daß das Hinaufkommen mehr als fraglich ist. Der Abstieg durch dieselbe Wand ist noch problematischer, gefährlich vor allem bei Neuschnee. Die Wand ist konkav und alle Lawinen treffen sich im Mittelteil unserer geplanten Route.

Der Weg der Erstbesteiger interessiert uns nicht nur wegen seiner Geschichte – Lois Lachenal und Maurice Herzog haben 1950 mit der Annapurna den ersten der vierzehn Achttausender bestiegen – er interessiert uns als Hintertür. Wenn wir die gefährliche und extrem schwierige Nordwestwand nicht schaffen würden, könnten wir auf die Franzosenroute ausweichen oder wenigstens über sie absteigen, wenn der Abstieg über unsere Wand unmöglich wäre.

Basislager an der Annapurna I mit Gebetsfahnen. Hinten die Great Barrier

Die Annapurna-Wand
im Abendlicht

Gebetsfähnchen
(»Lungde«), auch
Windpferdchen genannt.

»Oft hängt eine riesige Schneefahne am Gipfelgrat der Annapurna. Sie sieht aus wie eine gigantische Lokomotive. Wir werden aufpassen müssen, nicht unter die Räder zu kommen.«

(Hans Kammerlander)

»Diese Wand ist schon öfter versucht worden. Links von unserer Linie, rechts. Vergeblich. Vielleicht haben wir Glück.«
(Reinhold Messner)

Im Eisbruch am Fuße der Annapurnawand.

H. Kammerlander auf Erkundungstour.

»Zur Annapurna-Wand bin ich mit der größten Selbstverständlichkeit hingekommen. Als ich darunter stehe und die Steilheit und Gefahren ahne, packt mich die Angst.« (Hans Kammerlander)

Lager I im Schutz eines Sérac unter der Annapurna-Wand.

»Das Expeditionsbergsteigen, verglichen mit dem voralpinen Sportklettern, ist wie ein Relikt aus einer fernen Zeit. Unsere Probleme sind die von Zsigmondy, Dibona, Preuß. Nur in anderen Dimensionen.« (Reinhold Messner)

»Im Jahre 1938 konnten wir uns nicht um Feinheiten kümmern, wir mußten die Wand meistern!« (Riccardo Cassin)

»Wir werden das Verschwinden des klassischen Bergsteigens nicht erleben, aber sicherlich nimmt das Interesse der Öffentlichkeit daran ab. Ich denke jetzt an die Verzagtheit der Sonntagsbergsteiger. Ihre Welt und die der Freikletterer werden immer weiter auseinanderklaffen.« (Alberto Risso)

R. Patscheider im Eisbruch.

Abstieg zwischen Fels und Eisbruch ins Basislager.

»Die Anapurna ist ein Berg, der droht. Ständig Steinschlag, ständig Lawinen, ständig Wind.« (Hans Kammerlander)

H. Kammerlander im Eisbruch am Fuße der Annapurna-Wand.

Seilrolle zum Absichern des Rückzugs.

»Wenn das Material gut ist, kann man dafür einstehen. Wenn man etwas Großartiges machen will, muß man gewisse Kompromisse schließen.« (Eric Escoffier)

»Kaum eine Expedition kommt ohne Sponsoren aus. Das heißt in den meisten Fällen Werbeverträge, Vermarktung.« (Reinhold Messner)

Extrem steiles Gelände zwischen 5500 und 6000 m.

Querung zum zweiten Hochlager an der Annapurna-Wand.

Ohne Fixseile wäre ein Rückzug in diesem Wandbereich problematisch.

»Was heute zum Teil im Himalaja gemacht wird, das war vor 20 Jahren fast reine Utopie.«
(Edi Koblmüller)

Da heroben ist noch nie ein Mensch gewesen! Daher auch kein Gott. Niemand kann ihn sich hier gedacht haben. Das spürst du in diesem totalen Ausgesetztsein jenseits aller Sicherungen.

»Am Gipfelgrat ist der Sturm so stark, daß wir scheinbar schwerelos sind. Wir halten uns fest, um nicht wegzufliegen.«

(Hans Kammerlander)

Zwischen Séracs und Felsplatten in der Annapurna-Wand, ca. 7000 m.

Das letzte Stück des Gipfelgrates der Annapurna I.

»In den Alpen, nach großen Touren, glaubte ich mich genau zu kennen. Erst über 8000 m merke ich immer wieder, wie wenig ich von mir weiß. Wie schlecht wir uns kennen, ich und mein Körper.«

(Hans Kammerlander)

Viel können wir vom Gipfel aus nicht sehen. Den Machapuchare hinter einem grauen Nebelschleier, Fetzen von blauem Himmel. Über dem Dhaulagiri steht eine Haufenwolke. Wie eine feste Insel. Einmal ein Wolkenloch bis ins Basislager. Zelte, Moränen und Gletscher bilden eine braune Masse. Das Wetter wird zusehends schlechter.

H. Kammerlander am Gipfel der Annapurna I

Haltlose Plattenschüsse in der Annapurna-Wand.

Blick in den obersten Teil der Annapurna-Südwand.

»Die Füße seit Stunden gefühllos und im Gesicht immer wieder die Schneeschollen, die der Sturm vom Grat reißt. Es ist, als ob dir einer mit einer Drahtbürste ins Gesicht schlägt. Nicht die Augen, den Mund aufgerissen kommen wir oben an. Beim Abstieg am Gipfelgrat verflüchtigen sich die Schmerzen, sie lösen sich auf in der Unerträglichkeit.« (Hans Kammerlander)

R. Messner nach der Durchsteigung der Annapurna-Wand.

H. Kammerlander am Einstieg.

Ein großer Wurf gelingt dir nur bei bester Verfassung, bei besten Voraussetzungen, im einzig richtigen Moment. Wollen wir meine Idee in die Tat umsetzen, müssen wir jede Chance nutzen können, in jedem Augenblick vorbereitet sein für das Unvorhersehbare.

»Das eigentlich ›sportliche‹ Bergsteigen mit seinen Hoch- und Höchstleistungen, den ›Bergsport‹ im engeren Sinne gäbe es ohne Ehrgeiz wohl überhaupt nicht.«
(Rudolf Fehrmann)

Gipfel-Kuchen im Basislager.

»Die große Zahl der ›Zufallskletterer‹, die mit den Bergen nichts mehr anzufangen wissen, sobald sie aufgehört haben, sich zum Tummelplatz ihres Ehrgeizes zu eignen, ist mächtig zusammengeschmolzen.« (Rudolf Fehrmann)

Nur zufällig sind wir heute da. Dabei prescht dieser Nordwest seit Jahrmillionen im April gegen diese Steilmauer. Seit der Himalaja so steht.

Die Kunst, in schwierigsten Situationen zu überleben, lernt niemand ein für allemal. Nur vor Ort, oben unterm Gipfel, kann man sie beweisen. Dabei kommt es auf die richtige Taktik an, auf die Einstellung auch.

Die Nebel um die schroffen Felsen weit unter uns, diese losen Nebel, geben der Welt etwas Grundloses. Auf dem Boden dazwischen da und dort Lichtflecken. Von Westen schiebt sich wieder ein Wolkenkeil in das Kali Gandaki, mit Gewalt drängt er den blauen Himmel auseinander.

Blick vom Basislager ins frisch verschneite Miristi Khola.

»Am tiefsten aber beunruhigt die klassischen Alpnisten noch heute, daß die Neuen, die ›anderen‹, auf die Gefahr als bergsteigerisches Leitmotiv pfeifen. Steinschlag, Lawinen, Wetterstürze, Gletscherspalten und Atemnot, die Freikletterer gehen all dem aus dem Weg. ›Grenzbereich Todeszone‹ à la Reinhold Messner ist kein Reiz.«

(Der Spiegel)

Blick vom Dhaulagiri zur Annapurna-Wand. Aus diesem Blickwinkel ist 1977 die Idee zur Durchsteigung dieser Wand entstanden.

Dhaulagiri '85

Gestrige Erfolge haben mich nie ausgefüllt. Deshalb die Entscheidung sofort nach dem Annapurna-Erfolg die Dhaulagiri-Besteigung anzuhängen. So als ob ich mich erneut zu beweisen hätte.
Da ich aus dem Kali Gandaki bis zum Gipfel durchgehen will, lade ich nur Hans Kammerlander zu diesem Unternehmen ein. Die anderen drei Teilnehmer der Annapurna-Expedition erscheinen mir noch zu unerfahren, um einen Achttausender im Alpenstil besteigen zu können. Und dies, obwohl Reinhard Schiestl und Reinhard Patscheider sehr schnelle und erfahrene Alpinisten sind.

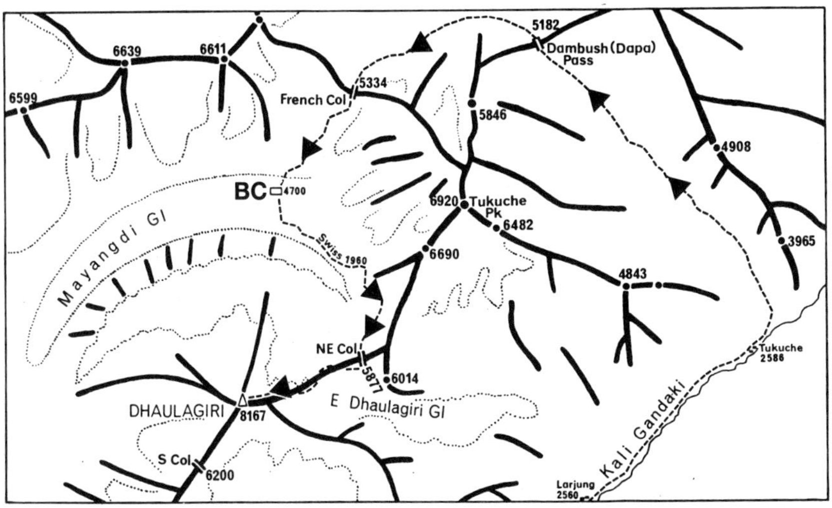

Der Dhaulagiri von der Annapurna aus gesehen. Links die Südwand, rechts davon der Südostgrat, die rechte Horizontlinie ist der Nordostsporn, unsere Aufstiegsroute.

◄–◄–◄– Aufstieg '85

»Reinholds Überredungskünste bringen mich so weit, nochmals aufzusteigen.«
(Hans Kammerlander)

Drei Tage für den dritten Versuch

Warum diese Eile? Warum dieser Druck? Keiner meiner Annapurna-Begleiter kann verstehen, warum ich unbedingt jetzt noch zum Dhaulagiri muß. Auch Hans Kammerlander nicht, der mich begleiten soll. Hans ist stärker als ich, jünger. Jetzt aber zögert er. »Es ist ein Wunder, daß du noch lebst«, sagt er auf den Dhaulagiri deutend, der bis tief ins Tal herab verschneit ist. Es hat keinen Sinn, jetzt zu forcieren, will er damit sagen.

Die Tatsache, daß ich mehr als vierzig Expeditionen überlebt habe, empfinde ich als Kompliment und Verpflichtung zugleich. Ich will am Dhaulagiri nichts riskieren, ich will diesen Berg endlich besteigen. Vielleicht auch hinter mich bringen.
Der Erfolg an der Annapurna-Wand hat mich neu motiviert. Die Verausgabung war nur kurzfristig, jetzt erlebe ich einen Energierückfluß wie immer, wenn mir eine abgerundete Sache gelungen ist. Im Moment bin ich überzeugt davon, daß unser Wille, unsere Energie, unsere Überzeugung für den Dhaulagiri ausreichen. Ohne einen weiteren Rasttag will ich aufbrechen. Hans und ich einigen uns auf eine Durchgehtaktik. Wir wollen, ohne einen Rasttag einzulegen, aus dem Tal bis zum Gipfel steigen. Hans meint ironisch, daß wir den Gipfel erreichen müßten, wenn wir bis ins Basislager kämen. Ich versichere ihm, daß uns auf dem Weg dorthin nichts aufhalten könne.
Der Dhaulagiri wäre für mich der zwölfte der vierzehn Achttausender-Gipfel. Etwas in mir drängt mich, dieses Kapitel in meinem Leben abzuschließen. Obwohl ich im Moment mehr Motivation verspüre als je zuvor, diese Dhaulagiri-Idee in die Tat umzusetzen, weiß ich instinktiv, daß mir langsam die Begeisterung für das Nur-Bergsteigen abhanden kommt. Ein Achttausender allein füllt mich nicht mehr aus. Wüsten, Menschen, Meditation interessieren mich mehr.
Meine Krise ist sicher auch eine Folge der Krise des Höhenbergsteigens. Es hat nichts mit den Massen der Achttausender-Bergsteiger zu tun, die den höchsten Bergen der Welt ihre Faszination genommen haben. Es ist ihre Anspruchslosigkeit. Es ist Mode geworden, auf vorbereiteten Routen in Serie zum Gipfel zu rennen. Der Leistungswille der modernen Spitzenalpinisten zielt auf schnelle Besteigungen ab. Dabei ist es viel leichter, über eine ausgetretene und abgesicherte Piste an einem Tag auf den Broad Peak zu steigen, wie es der Pole Wielicki 1984 getan hat, als diesen Berg in einer Woche zu überschreiten, was seinen Landsmännern Kurtyka und Kukutschka in derselben Saison gelungen ist. Jedes Unternehmen, das mehr von Leistungswillen als von Rekordsucht getragen ist, zielt auf Problemstellungen ab, die unlösbar scheinen. Nicht die schnellere Wiederholung einer alten Route ist die Kunst, als vielmehr die selbständige Besteigung unter schwierigen Bedingungen. Die radikalere Einstellung ist es, die alles bisher Dagewesene zu sprengen vermag, nicht der Wettlauf.
Zweifellos bin in erster Linie ich daran schuld, daß die Achttausender-Besteigungen zur Selbstverständlichkeit geworden sind. Wenn jemand Jahr für Jahr auf einen oder gleich mehrere der vierzehn höchsten Berge der Welt klettert, verlieren »Gipfel« und »Held« ihre Einmaligkeit, eine Inflation tritt ein. Trotzdem bin ich nicht bereit, beim Wettlauf um die Achttausender-Gipfel auf meinen Stil zu verzichten. Ich will meine Wege selbst vorbereiten, ich will keine Massenexpeditionen mit-

»Ich habe nichts dagegen, wenn 10 Gruppen parallel an einer Route klettern, solange ich nicht dort bin.«
(Reinhold Messner)

»Wer erstmals allein einen alten Weg geht, praktiziert einen neuen Stil.« (Reinhold Messner)

Der Gipfel des Mt. Everest von Norden.

machen, keine wesentlichen technischen Hilfen einsetzen. Ich will weiter autark bergsteigen.
In den letzten beiden Jahren haben mehr Menschen auf Achttausender-Gipfeln gestanden als innerhalb der 30 Jahre zuvor. Gleich in Serie, wenn nicht gar gemeinsam stiegen die »Expeditionen« auf den Broad Peak, den Gasherbrum II und den Hidden Peak. Sogar am K2 wird die schnelle Gruppenbesteigung Mode. Bald wird es dort zugehen wie am Mount Blanc.
Dabei sind diese Gipfel nicht kleiner geworden. Unsere Erfahrung ist mehr, die Ausrüstung leichter und besser geworden. Vor allem hat sich die allgemeine Einstellung zu den Achttausendern geändert. Der Wunsch, schwierige Routen zu erschließen, ist dem Trend gewichen, irgendwie auf den Gipfel zu kommen. Auch an den höchsten Bergen wird die Zeit zum Maßstab, die Berichte der Expeditionen werden immer verwirrender.
Ein anderer Hauptgrund, warum so viele Erfolge zu verbuchen sind, hängt mit der Tatsache zusammen, daß Pakistan und Nepal nahezu unbeschränkt Permits für die Achttausender im Karakorum und Himalaja vergeben. Die einzelnen Gruppen überlappen sich, an den Normalwegen steigen sie sich gegenseitig »auf die Zehen«. Auch mehrere Kleinexpeditionen zur selben Zeit, auf derselben Route, am gleichen Berg ergeben eine Mammut-Expedition. Damit allerdings möchte ich nichts mehr zu tun haben. Ein weiterer Grund, mich vom Höhenbergsteigen zurückzuziehen. Es ist heute nicht mehr schwierig, eine Genehmigung für eine Achttausender-Besteigung zu bekommen, es ist schwierig irgendwo mit deiner Gruppe allein zu sein. Ich will diesem massierten Auslandsbergsteigen seine Berechtigung nicht absprechen. Nur den Ausdruck Expedition finde ich für solche Unternehmungen übertrieben. Auch bitte ich, meine Pioniertaten – Nanga-Parbat-Überschreitung; Manaslu-Südwand; Hidden-Peak über die Nordwestwand im Alpenstil; Nanga-Parbat-Alleingang; Everest-Alleingang; Kangdzendzönga-Nordflanke; Gasherbrum-Überschreitung; Annapurna-Nordwestwand – nicht mit solchen Gruppenausflügen zu vergleichen oder gar zu verwechseln.
Keine meine bisherigen Achttausender-Besteigungen ist einfach die Wiederholung eines Normalweges gewesen. 1970 am Nanga Parbat

1972 in der Manaslu-Südwand – jeder Meter ein Geheimnis.

Die obere Wandhälfte der Rupalwand am Nanga Parbat. Unsere Route verläuft in der Verschneidung links unter dem Gipfel. Foto: D. Scott

ging es um die höchste Fels- und Eiswand der Erde, die direkte Rupalwand, die bis heute nicht wiederholt werden konnte. 1972 gelang mir am Manaslu eine neue Route. Damit wußte ich, daß es an der Zeit war, auch im Himalaja den Stil zu ändern. 1975 stieg ich in Zweierseilschaft mit Peter Habeler über eine neue Route auf den Hidden Peak. Der Alpenstil war also gegen alle Unkenrufe auch an den höchsten Bergen möglich. Der erste Alleingang an einem Achttausender, 1978 am Nanga Parbat, ist und bleibt mein i-Punkt aufs Bergsteigen, auch wenn ich 1980 den Everest solo besteigen konnte und morgen vielleicht alle vierzehn Achttausender bestiegen haben werde. Everest und K2 ohne Maske – nur wer die Kritiker und Moralhüter von gestern noch im Ohr hat, kann begreifen, wieviel an Selbstvertrauen notwendig war, erstmals bei den großen Achttausendern ganz auf das Sauerstoffgerät zu verzichten. Keiner der Herren, die mich damals als unüberlegten Selbstmörder, Größenwahnsinnigen und Spinner beschimpft haben, hat sich bis heute bei mir entschuldigt. Und dies obwohl ich recht behalten habe und inzwischen das Bergsteigen mit der Maske aus der Mode kommt. Die Revolution, die ich damit ausgelöst habe, hat es möglich gemacht, die Achttausender in Serie zu besteigen, sie sogar zu überschreiten. 1982 ist mir der erste Achttausender-Hattrick gelungen, 1984 die erste Überschreitung zweier Achttausender-Gipfel ohne Zuträger, und ohne zwischendurch ins Tal abzusteigen.

Jetzt am Dhaulagiri haben Hans und ich etwas vor, was nicht einfach sein wird. Auch nicht alltäglich. Aus dem zweitausend Meter hohen Talgrund möchten wir bis zum Gipfel durchgehen. Durchgehen, ohne einen einzigen Rasttag einzulegen. Sollen wir weitermachen? Trotz des anbrechenden Monsuns, trotz des Annapurna-Erfolges? Oder gerade deshalb?

»Schnelle Aufstiege über 8000 m Höhe sind nur nach gründlicher Akklimatisation anzuraten.«
(Reinhold Messner)

Der Erfolg an der Annapurna-Nordwestwand hat mich übermütig gemacht. Vom Ministerium für Tourismus in Kathmandu habe ich vor wenigen Tagen eine Genehmigung für den Nordostsporn des Dhaulagiri erhalten und sofort bezahlen müssen. Verzichten bedeutet den Verlust dieses Geldes – mehr als 2000 Dollar – und des Permits. Den Aufstieg so knapp vor dem Monsun zu wagen, bedeutet für mich eventuell ein drittes Scheitern. Immer noch sitzen Hans Kammerlander und ich in einer windigen Kneipe in der tiefsten Schlucht des Kali Gandaki und beraten. Hans will nach Hause. Der Dhaulagiri ist immer noch bis weit unter den Wandfuß wolkenverhangen, selten nur lassen vereinzelte Sonnenstrahlen die Schneeflecken am Dhampus-Paß aufblitzen. Unsere Selbstsicherheit ist zu klein, um den Dhaulagiri als »Spazierweg« abtun zu können. Obwohl uns an der Annapurna eine der schwierigsten Himalaja-Wände gelungen ist, bleibt der gegenüberliegende Dhaulagiri zu zweit ein Problem.

Wir könnten würfeln, eine Münze werfen oder losen – Erfolg steht nur in Aussicht, wenn wir beide mit der gleichen Besessenheit zu diesem Achttausender gehen, mit der wir Wochen vorher zur Annapurna gegangen sind. Scheitern können wir in jedem Fall. Mit diesem Bewußtsein habe ich zu leben gelernt, seit ich es mir in den Kopf gesetzt habe, an den Achttausendern nicht den Weg des geringsten Widerstands zu gehen, sondern den Weg mit den wenigsten Vorgaben.

Drei Tage später sitzen Hans und ich fest. Diesmal nicht aus Unentschlossenheit, diesmal im Nebel. Wir sind unter dem Dhampuspaß drei Stunden lang im Kreis gegangen. Auf einer Gratschneide bauen wir

»Der Dhaulagiri ist ein Müllberg. Bis 7000 m finden wir Seile, Essen, Gas. Das ist sicher ein Vorteil für uns; trotzdem widert es mich an. Hier spüre ich erstmals die Folgen der organisierten Reisebüro-Expeditionen der letzten Jahre.« (Hans Kammerlander)

Rest eines alten Lagers am Dhaulagiri-Nordostsporn.

H. Kammerlander
unterm Gipfelgrat.

R. Messner am Gipfel
des Dhaulagiri I.

zwei Zelte auf – eines für die Träger, eines für uns – und warten ab. Ans Kochen ist nicht zu denken.
In der Nacht reißen Wolken und Nebel auseinander. Beim Blick aus dem Zelt verwechsle ich die Lichter im Tal mit den Sternen. Als ich mir des Irrtums bewußt werde, ahne ich, wo wir sind.
In den beiden folgenden Tagen finden wir den Weg über Dhampus- und Franzosenpaß zum Nordfuß des Dhaulagiri. Die Amerikaner, die zehn Wochen lang vergeblich die Birnenroute berannt haben, sind verschwunden, ehe wir unsere Zelte auf den stinkenden Toteisgletscher stellen. Alles, was wir von ihnen noch finden, sind einige windschiefe Steinmauern und zwei Dutzend Flaschen mit Ketchup.
Unsere Zelte stehen kaum und schon packen wir die Rucksäcke. Jetzt ist Hans, dieser Allroundbergsteiger par excellence, nicht mehr zu halten. Er drängt, will zum Gipfel.
Der Südtiroler Hans Kammerlander, 28, gehört zu den wenigen jungen Klettergenies, die neben dem achten Grad auch brüchigen Fels meistern und besonders höhentauglich sind. Am 6. Dezember 1982 hat er im »Kosmogral«, unserem großen Gemeinschaftszelt im Basislager am Cho Oyu, seinen ersten Geburtstag im Himalaja gefeiert. Inzwischen sind ihm vier Achttausender gelungen. Der Dhaulagiri könnte sein fünfter sein. Daß Hans ein ausgezeichneter Alpinist ist, wissen die Insider. Er hat mit Werner Beikirchner die Eiger-Nordwand in wenig mehr als 10 Stunden durchstiegen, am zweiten Sellaturm, am Piz de Ciàvazes und in der Goldkappel-Südwand einige Erstbegehungen gemacht, die teilweise erst noch wiederholt werden müssen. Im Verdon kletterte er mit die schwierigsten Routen, im Wilden Kaiser die Pumprisse, am Heiligkreuzkofel meine Route am Mittelpfeiler – er kennt die Szene des Sportkletterns. Seine Vorstellung von der Weiterentwicklung des Bergsteigens deckt sich nicht mit dem modernen Trend. »Größere Schwierigkeiten mit mehr Absicherung, auch das ist nur wieder eine Form des technologischen Alpinismus«, sagt er und sucht nach größeren Problemen an größeren Bergen. Hier treffen sich unsere Ideen.
Hans, ein Bauernsohn aus dem Ahrntal, Skilehrer und Skirennläufer, Bergführer und Bergläufer, hat alle Voraussetzungen, um die schwierigsten Wände an den höchsten Bergen der Welt zu durchsteigen: Das Kletterkönnen, die Kondition, den Instinkt. Er ist höhentauglich, ruhig und auch in kritischen Situationen nicht aus dem inneren Gleichgewicht zu bringen.
Im Morgengrauen des nächsten Tages stehen Hans und ich auf. Eine Stunde später sind wir am Bergfuß und nochmals zwei Stunden später verabschieden wir uns von Purba Sherpa und Saila, die uns die Rucksäcke über den ersten Eisbruch ins große Gletscherbecken unter den Nordostcol geschleppt haben. Nach einer längeren Rast gehen Hans und ich allein weiter. Der Schnee ist weich und die Nebel kommen von allen Seiten. Unsere Überzeugung aber ist so groß, daß keiner den anderen aufmuntern muß. Knapp 6000 m über dem Meeresspiegel, an der flachen Gratschneide zwischen Dolpo und Kali Gandaki graben wir eine zwei Quadratmeter große Schneefläche aus dem Hang, stellen unser Zelt hinein und legen uns schlafen.
Am anderen Morgen starten wir zeitig. Die Annapurna-Wand als beflügelnden Ansporn im Rücken, den verschneiten Nordostgrat des Dhaulagiri vor uns, klettern wir Schritt für Schritt aufwärts. Immerhin tragen wir Essen, Brennstoff und Ausrüstung für eine Woche auf unseren Rücken und die Seilketten, die wir ein Jahr vorher verankert haben, sind großteils zerfetzt. Oder sie liegen unter Neuschnee begraben. Wir

sind nicht langsam, aber auch nicht schnell. Wir gehen aufwärts, so wie zwei, die unten nichts zu verteidigen und oben nichts zu suchen haben.
Mittags sind wir auf knapp siebeneinhalbtausend Meter Höhe. Der Sturm tobt und die Nebel sind so dicht, daß wir Mühe haben, jene Felsleiste wiederzufinden, auf der wir schon ein Jahr vorher das Lager verankert haben. Wir bauen unser Zelt an dieselbe Stelle. Eine ganze Nacht lang bläht der Sturm die Zeltwände so auf, daß wir weder ruhen noch schlafen können. Die klaren Morgenstunden aber lassen uns keinen Augenblick lang zögern. Als ob es ein Abwärts ohne den Gipfel nicht gäbe, steigen wir bergaufwärts.
Wie oft wir im letzten Stück den Weg verlieren, interessiert uns nicht. Auch das Gewitter stört uns wenig. Das Zischen und Summen in unseren Pickeln klingt zwar bedrohlich, trotz aller Blitzgefahr aber gehen wir weiter aufwärts. Wer so hoch oben ist, so allein und so weit weg von der Hilfe durch andere Menschen, kann nicht umkommen. Ein Gefühl, eine Galgenfrist zu haben, nimmt die Angst von mir weg. In diesem Rausch aus Müdigkeit und Endpunkttrunkenheit kann ich ohne Zweifel klettern. Obwohl der Sturm allein schon ausreichen könnte, uns vom Grat zu fegen.

»Von hier aus habe ich vor bald zehn Jahren die Annapurma-Wand als Möglichkeit entdeckt.«
(Reinhold Messner)

H. Kammerlander am Gipfelgrat des Dhaulagiri I.

Zwischen zwei Felshörnern gratulieren wir uns zum zweiten Achttausender innerhalb weniger Wochen. Vom westlichen Horn übersehe ich ein riesiges Plateau und den wolkenbeschlagenen Himmel; vom östlichen Gipfel den sturmgepeitschten Grat und das letzte Stück der Südwand. Der Gedanke dabei – die ist gar nicht so steil – wiederholt sich beim Abstieg wie eine Herausforderung.
Zurück gehen wir getrennt. Ab und zu befällt uns jetzt die Angst, vom Blitz erschlagen oder vom Grat geschleudert zu werden. Schicksalsergebenheit nur rettet uns vor Panik. Die Kälte schüttelt mich aus der Lethargie, die mich im Schnee könnte einschlafen lassen.
Zurück im Zelt sprechen wir nicht vom Glück, überlebt zu haben. Wir legen uns hin, pflücken die Eiszapfen aus dem Bart, und versuchen zu schlafen. Der Gipfel, der Erfolg, das Gestern, es ist, als haben wir uns nie dafür interessiert. Der Abstieg ist Gewohnheit oder Notwendigkeit, vielleicht Trotz gegen den eigenen Stumpfsinn. Ich weiß, daß ich in meine eigene Einsamkeit hinunterklettere, daß mit der Besteigung des Dhaulagiri meinem Leben eine endgültige Richtung gegeben ist.

Der oberste Teil der Dhaulagiri-Südwand.

Die Gipfelkuppe des Dhaulagiri von Norden. Unser Aufstiegsweg verläuft von links nach rechts.

Blick vom Dhaulagiri-Gipfel nach Südwesten.

Der Dhaulagiri von Osten, im ersten Morgenlicht.

Mut zum Egoismus

Der Mut zum Egoismus ist die Voraussetzung für eine ausgeglichene Lebenshaltung. Das gilt für den Arzt ebenso wie für den Forscher oder den Unternehmer. Es ist Unsinn, anzunehmen, daß ich andere durch meinen persönlichen Leistungswillen herabsetze. Ich beunruhige sie vielleicht damit – dies ist aber nicht per definitionem asozial. Ich will mit meinem Tun nicht den anderen überlegen sein, sondern an mich möglichst hohe Anforderungen stellen. Meist nach einem Erfolg verblüffe ich die anderen, weil ich in Gedanken schon weiter bin. Es ist für mich so schwer, zurückzuplanen.
Für diese elitäre Lebenshaltung erwarte ich keinen Applaus. Ich erwarte auch kein Einverständnis, ich erwarte Widerspruch. Allerdings keinen billigen.

Es ist nicht jedermanns Sache, einen Schritt weiterzugehen, als all seine Vorgänger es getan haben. Es liegt aber in der Natur des Menschen, immer weiter zu suchen. Was machbar ist, wird gemacht werden. Aufbauend auf die Erfahrungen der Vorgänger und mit sehr viel Selbstdisziplin läßt sich das »heute Unmögliche« morgen schon verwirklichen. Daß diese Möglichkeit trotz der Achttausender-Inflation offen bleibt, will ich jenen mitteilen, die diese Gipfel nicht sammeln, sondern kennenlernen möchten.

H. Kammerlander macht auf einem Gletschertisch einen Kopfstand.

Das winzige Basislager am Nordfuß des Dhaulagiri.

»Diesmal gehen wir den Dhaulagiri an wie eine große Alpentour.« (Reinhold Messner)

»Unmittelbar nach der Annapurna will ich zurück in die Dolomiten, um im Warmen zu klettern. Meine Zehen sind pelzig, also leicht angefroren, und das Wetter ist schlecht. Das Permit für die Dhaulagiri- Besteigung ist mir eine Belastung. Ich sehe keine Chance, auf diesen zweiten Gipfel zu kommen.« (Hans Kammerlander)

Reste von früheren Expeditionen.

Rast der Träger beim Anmarsch.

»Messner . . . erweckt den Eindruck, Leute zu benutzen, einer zu sein, auf den man nicht zählen kann, nicht einer, der dich sucht, wenn du in Schwierigkeiten bist. Bei Bonati ist das anders, das haben wir erfahren.«

(Silvia Metzeltin)

Purba, ein Sherpa, der mich seit Jahren begleitet.

Unsere zwei Träger aus dem Kali Gandaki bei der Rast.

»Der Anmarsch aus dem Kali Gandaki zum Dhaulagiri findet im ständigen Nebel statt. Ist das schon der Monsun?«

(Hans Kammerlander)

Blick zum Dhampus-Paß. Anmarsch Dhaulagiri.

»Nach zweieinhalb Tagen ist all unsere Energie verbraucht und der Gipfel erreicht.«
(Hans Kammerlander)

H. Kammerlander zwischen den beiden Hörnern des Dhaulagiri-Gipfels.

Wie rasch hätte ich die Achttausender abhaken können, wenn es mir mehr auf die Zahl als auf das Wie der Erfolge angekommen wäre! Ich bin nicht stolz darauf, die meisten Achttausender-Gipfel bestiegen zu haben, ich bin stolz, da oben mehr Tabus gebrochen zu haben als alle anderen meiner Generation zusammen.

»Klettern ist für mich immer mit persönlicher Entscheidungsfreiheit verbunden . . . , wenn das Klettern kein persönliches Abenteuer mehr sein darf, werde ich es aufgeben.«
(Reinhard Karl)

H. Kammerlander umgeht einen Felsturm am Gipfelgrat.

»Es sind immer dieselben Sherpas, die mich in Nepal auf Expeditionen begleiten. Seit Jahren. Ich kann hauptsächlich deshalb nicht auf sie verzichten, weil sie meine Freunde sind.« (Reinhold Messner)

Saila und Purba, zwei Sherpa-Freunde am Fuß des Dhaulagiri.

»Wir wollen nur einen Versuch wagen. Also stecken wir alle Energie in diesen einen Versuch.«
(Hans Kammerlander)

Unser erster Biwakplatz am Dhaulagiri-Nordostsporn.

H. Kammerlander in den Felsen an den Gipfelhängen des Dhaulagiri I.

»Meine Genugtuung besteht zum Teil auch aus Schadenfreude. Die Amerikaner, die den Berg über die Birnenroute versucht haben, sind nach zweieinhalb Monaten gescheitert. Wir sind nach zweieinhalb Tagen am Gipfel. Vielleicht vor ihnen zurück in Kathmandu.«
(Hans Kammerlander)

Zweimal bin ich am Dhaulagiri gescheitert. 1977 an der geheimnisvollen Südwand, 1984 am Nordostsporn, über den der Berg 1960 von einer Schweizer Expedition erstmals bestiegen worden ist.

Am Gipfelgrat.

»Der Gipfelgrat ist unendlich lang. Hinter jedem Horn glaube ich den höchsten Punkt zu sehen, erkenne aber wieder nur einen Vorgipfel. Die vielen Zacken narren uns. Erst der fünfte ›Gipfel‹ ist der wirkliche Gipfel.«
(Hans Kammerlander)

Rückkehr zum obersten Biwakzelt.

»Wir stehn oben und kriegen Stromstöße, als säßen wir auf dem elektrischen Stuhl. Einmal stehe ich auf und schon durchbohrt mir etwas den Kopf. Blaue Flammen schlagen aus den Felsen. In den Alpen habe ich ähnliche Gewitter erlebt, nicht aber so anhaltende Stromstöße.« (Hans Kammerlander)

Der Dhaulagiri von Südosten.

Blick von den Dhaulagiri-Hängen ins Kali Gandaki.

Der Flughafen in Jomoson.

»Dieses unser zweites Dhaulagiri-Unternehmen hat nur einen Bruchteil des ersten gekostet. Dafür füllt es uns mit einem Mehrfachen an Genugtuung aus.«

(Hans Kammerlander)

Makalu '86

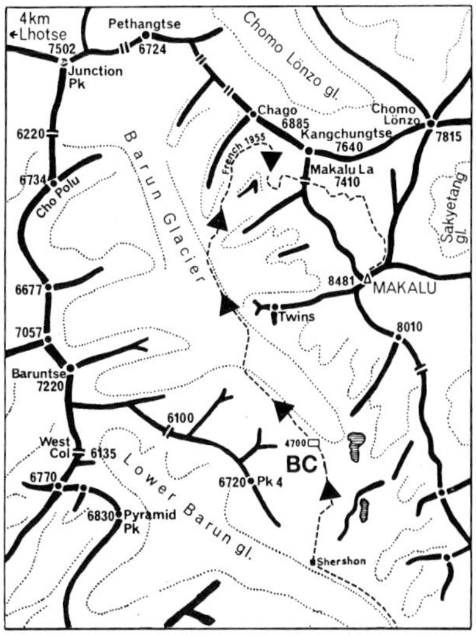

◄–◄–◄– Aufstiegsroute '86

Ursprünglich wollten wir zu viert zum Makalu gehen, Dr. Oswald Oelz, Friedl Mutschlechner, Hans Kammerlander und ich. Dr. Oelz sagte seine Teilnahme an der geplanten Winter-Expedition ab, als er von verheerenden Erfrierungen amerikanischer Bergsteiger erfuhr, die einen Winter vorher versucht hatten, den Kangchendzönga zu besteigen. Chris Chandler war dabei gestorben. Friedl Mutschlechner verzichtete aus Sorge, seine einmal angefrorenen Finger und Zehen auf 8000 Meter Meereshöhe nicht warm genug halten zu können.
So bleiben also Hans und ich. Dazu kommt im letzten Augenblick ein Fernsehteam, das unsere Besteigung so weit wie möglich verfolgen und filmen soll. Wir sind uns darüber einig, daß die TV-Gruppe, die unsere Expedition finanziert, unabhängig von Hans und mir operiert. Wir beide verpflichten uns zwar »so hoch wie möglich« zu filmen, wollen uns aber in keiner Weise beeinflussen lassen. Unser Ziel ist es, im Winter ohne Sauerstoffmaske den Gipfel des Makalu zu erreichen.

Der Makalu ist bisher von 16 Gruppen bestiegen worden. 7 Routen gibt es am Berg. 48 Männer standen am Gipfel, noch keine Frau.
Die Nordwestseite, über die der Berg 1955 erstmals bestiegen worden ist, ist klettertechnisch leicht, aber den Winterstürmen aus Tibet ausgesetzt wie kaum eine andere Flanke an den Achttausendern.
In den zwanziger und dreißiger Jahren gab es, unterschwellig, eine Art Wettlauf zwischen den Expeditionsgruppen. Wer schafft den ersten Achttausender? Am Nanga Parbat wurden sogar Flugzeuge eingesetzt, um dem Ziel näher zu kommen. Vergeblich. Von 1950 bis 1964, als alle vierzehn Achttausender »erobert« wurden, gab es einen Wettstreit zwischen den Nationen. Österreichische Bergsteiger bestiegen vier Achttausender erstmals, englische zwei, Franzosen Annapurna und Makalu... Heute gärt der Wettlauf zwischen einzelnen Bergsteigern: Wer hat wie und wie viele Achttausender bestiegen?
Ich will mich weder von diesem stupiden Zählen beeinflussen lassen, noch von unserem TV-Team. Auch den Stil erfinde ich mir selbst. Ich finde es lächerlich, wenn die UIAA Definitionen für »Alpenstil« und »Expeditionsstil« gibt, ebenso lächerlich wie das Bemühen des DAV, an den Sportressort angegliedert zu werden. Für wieviel verkaufen denn die deutschen Alpinisten ihre anarchistischen Züge?
Hans und ich einigen uns auch für den Makalu auf eine Durchgehtaktik. Wir wollen so lange im vorgeschobenen Basislager warten, bis Wind- und Wetterverhältnisse einen Aufstieg erlauben. »Abwarten und Zuschlagen« ist unsere Devise. Anfang Februar kommen wir bis knapp über den Makalu La. Dort überraschen uns Sturm und Nebel.

Blick aus dem Flugzeug auf den Makalu, den Baruntse und den Ama Dablam (Bildmitte). Links des dunklen Dreiecks der Makalu-Westwand verläuft der relativ leichte »Normalweg«.

Keine Chance

»Wenn du keine Chance hast, kannst du keine vertun.«
(Hans Kammerlander)

Es ist unangenehm kühl an diesem 11. Januar 1986. Schon in den ersten Vormittagsstunden ballen sich graue Nebel über den verschneiten Felsrücken des Kogma La, der zwischen Arun-Tal und Makalu steht. Immer wieder verdecken sie die Sonne. Wir sind knapp 4000 m hoch und ziehen die Daunenjacken an. Im Süden und Westen steckt

»Der ›Katsch‹ von Norden gehört zu meinen härtesten Bergabenteuern.« (Reinhold Messner)

die Welt unter uns in Wolken, nur im Osten ist es klar. Wie ein dreiteiliger Kristall ragt der Kangchendzönga in den zarten Morgenhimmel. Es scheint, als hingen keine Windfahnen an seinen Graten. Ausnahmsweise ein ruhiger Tag!

Hans und ich fotografieren. Zwischendurch sprechen wir über die große polnische Winterexpedition, die in diesen Tagen den Gipfel des »Kantsch« besteigen müßte. Seit sechs Wochen sind die Polen am Berg, gute, sehr gute Bergsteiger. Dabei sind Jurek Kukuzka und Krzyszstof Wielicki, die zu den besten Höhenbergsteigern der Welt gehören. Auch Andrzej Czok, ein Mann, der 1982 am Makalu allein zum Gipfel gestiegen ist, nachdem er zusammen mit einer anderen starken Expedition aus Polen eine neue Route durch die Westwand erschlossen hatte.

Die polnischen Höhenbergsteiger sind zur Zeit weltweit führend. In den letzten Jahren sind ihnen vor allem im Himalaja Neutouren und Winterbesteigungen gelungen, die alles in den Schatten stellen, was westliche Bergsteiger im Vergleich dazu gemacht haben. Ihr Teamgeist, ihre Disziplin, ihre Taktik sind es, die großen Expeditionen Erfolg garantieren. Die Ostbergsteiger – Polen, Tschechen, Jugoslawen – haben die meisten der großen Himalaja-Probleme gelöst. Höhenbergsteiger aus dem Westen, obwohl von der Industrie weit mehr gefördert, haben zwar einige individuelle Erfolge erreicht, meist aber haben sie sich mit der Wiederholung bekannter Wege begnügt. Ihre Großexpeditionen sind vielfach in Streit zerflattert.

Wenn man bedenkt, wie schwierig es ist, in Polen eine Expedition zu organisieren, daß Bergsteiger aus der DDR kaum eine Chance bekommen, in den Himalaja zu reisen, ist es verständlich, daß die einen all ihre Energie, ihr Können, ihren Willen einsetzen, um das Expeditionsziel zu erreichen, die anderen, wie zum Beispiel Bernd Arnold, ihr Kletterkönnen in den heimatlichen Felsen steigern – bis zur Vollkommenheit.

»Ob jemand als Politiker klettert oder Fußball spielt ist irrelevant – lächerlich ist es, wenn einer aus seinem Klettern Weitsicht für seine Politik ableitet.« (Reinhold Messner)

Politik habe ich zwar immer vom Bergsteigen getrennt, das heißt aber nicht, daß ein Alpinist ein unpolitischer Mensch sein muß. Alle Bergsteiger zusammen könnten sogar eine starke politische Kraft darstellen, die sich für die Erhaltung der wilden Landschaften auf dieser Erde einsetzt. Alpine Vereine haben nach meinem Dafürhalten nicht die Aufgabe, das Bergsteigen zu reglementieren, sie können nur den nächsten Generationen die Berge als Medium erhalten. Das Interesse am Bergsteigen steigt nicht nur mit neuen Persönlichkeiten und Ideen, es steigt vor allem mit geheimnisvollen Landschaften. Und geheimnisvoll ist eine mit Magnesiaflecken markierte Wand nicht.

Griff in den Magnesiabeutel.

C. Destiville in Bardonecchia.

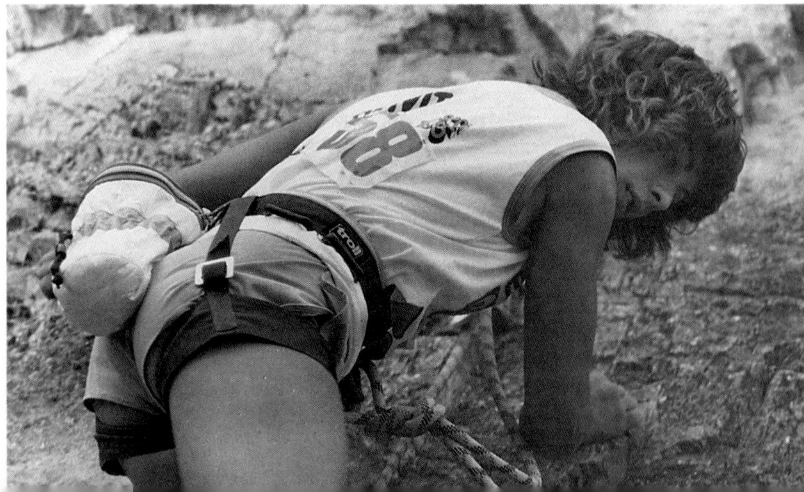

B. Arnold im »Abschneider zur Langen Westwand« (IX c), am Rauschenstein. Elbsandsteingebirge.

»Statt in die im Alpinismus üblichen klobigen Bergstiefel zwängten sie ihre Füße in einige Nummern zu kleine Turnschuhe mit griffigen Sohlen, deren Reibung sie sogar auf winzigen ›Tritten‹, also Felsunebenheiten, Halt finden ließ.« (Der Spiegel)

»Schweiß und Magnesia reagieren auf der Hautoberfläche, der Schweiß verliert dabei seinen Säuregehalt. Bei Nichtanwendung von Magnesia sei die Abnützungsgeschwindigkeit von Kalkstein fünfmal größer als bei Anwendung. ›Seither fordern wir‹, so scherzen die Freeclimber, ›die absolute Magnesiapflicht auch für Alpinisten.« (Der Spiegel)

»Manche Route wäre heute schon unbegehbar, würde nicht mit Magnesia geklettert. Die Griffe wären so abgespeckt, daß keiner mehr hoch käme. Außerdem schafft Magnesia für alle Sportkletterer gleiche Bedingungen. Jeder weiß, daß nasser Fels die Bedingungen verschlechtert. Magnesia gleicht diesen Nachteil wieder aus. Ich sehe Magnesia als Hilfsmittel wie Seil und gute Schuhsohlen an – wer klettert schon mit rutschigen Schuhen.« (Sepp Gschwendtner)

»Die kleinen Achttausender wurden von Anfang an – Annapurna 1950 – ohne Maske bestiegen; nur die hohen Achttausender waren vor 1978 ohne Sauerstoffgerät tabu.« (Reinhold Messner)

»Daß dem Alpinismus von den Medien jedoch auch Gefahr *droht, ist andererseits nicht zu verkennen. Gemeint ist einmal die Versuchung für Medienschaffende und Spitzenalpinisten, auf stets ausgefallenere, spleenigere Ideen und Vorhaben vornehmlich deshalb zu verfallen, weil sie besonders «mediengerecht», will sagen publikumswirksam abzulaufen versprechen. Ließe man diesem Trend freien Lauf, wäre die Gebirgswelt bald einmal zur* Zirkusarena *degradiert, würde der Alpinismus seines ideellen Gehaltes entleert und riskierte der Elitebergsteiger, zum (bezahlten) Artisten, zum Gefahren verachtenden* Desperado *zu verkommen.«*
Hansjörg Abt

»Das Film-Team wirft uns immer wieder aus dem Rhythmus.« (Hans Kammerlander)

Cerro Torre in Patagonien.

Bisher ist weder der Makalu noch einer der anderen hohen Achttausender im Winter ohne Maske bestiegen worden. Von vornherein wollen Hans und ich bei dieser Expedition auf Sauerstoffgeräte und andere wesentlichen technischen Hilfen verzichten. Nicht nur, um die Grenze des Möglichen im großen Bergsteigen weiterzutreiben, auch um einem Stil treu zu bleiben, den ich vor mehr als zehn Jahren kreiert habe.
Die Problematik bei einer solchen Winterbesteigung sind die extrem niedrigen Temperaturen – bis zu minus 60° Celsius – und die extrem hohen Windgeschwindigkeiten – bis zu 200 km/h. Um mich nun auf dieses neue Grenzabenteuer vorzubereiten, lief ich zum Training steil bergauf, biwakierte in Schneehöhlen und konzentrierte mich stundenlang auf die bevorstehenden Situationen.
In Gesprächen mit Hans Kammerlander legte ich die Taktik für den Makalu fest. Einmal gut akklimatisiert, wollen wir einige windstille Tage nutzen, um zum Gipfel zu kommen.
In Kathmandu hatte mir ein buddhistischer Lama prophezeit, daß ich bei dieser Expedition öfter krank sein würde, mein Leben aber nie in Gefahr geriete. Er sollte recht behalten. Jetzt schon bin ich stark verkühlt und damit beim Atmen behindert.
Wir sind nun bald zwei Wochen unterwegs, und obwohl ich diesen Weg ins Makalu-Basislager kenne, ist er jetzt im Winter neu für mich. Das uns begleitende TV-Team ist eine Belastung. Hans und ich riskieren mit Sicherheit nicht mehr, als wenn wir allein wären, eher weniger. Das Fernsehen hat unsere Expedition finanziert, wir lassen uns trotzdem nicht zum Erfolg treiben. Auch nicht von den Millionen Zuschauern, die unser Unternehmen verfolgen und beurteilen können.
Hans und ich haben uns entschlossen, diesmal »öffentlich« zu klettern. Wir haben nichts zu verstecken und lassen uns deshalb nicht kritisieren. Die Chronik des Himalaja-Bergsteigens sähe anders aus, wenn bei jedem Unternehmen eine funktionsfähige Fernsehkamera dabei gewesen wäre!
Es ist nicht meine Aufgabe, festzuhalten, wer wann wo im Alpenstil oder nicht, im Alleingang oder wie auch immer geklettert ist. Fest steht, daß die eigenen Angaben der Höhenbergsteiger den Stil betreffend oft nicht stimmen.
Wir brauchen aber auch kein Gremium, das als Schiedsrichter fungiert. Wir brauchen nur ein paar fachkundige kritische Köpfe, die die alpine Geschichte weiterschreiben, ohne sie vorsätzlich zu verfälschen. Die Insider haben immer gewußt, was die bahnbrechenden Taten waren, sie werden es morgen wissen, auch wenn man in Zukunft zwischen Meisterleistungen im Fels, im Eis, in großer Höhe wird unterscheiden müssen, und es zunehmend schwieriger werden wird, Marktschreier von Pionieren zu unterscheiden. Taten aber sprechen lauter als Worte: Marco Pedrini, der allein über die Maestri-Route auf den Cerro Torre in Patagonien klettert, gehört die Zukunft und nicht irgendeinem Zampano, der immer wieder Solobegehungen ankündigt, ohne sie zu versuchen.
Nachdem wir am Fuße der Makalu-Südwand zwei Basislager aufgebaut haben, gehen Hans, ein paar Sherpa sowie Führer von »Trekking-International«, die das Fernsehteam betreuen, und ich bis auf 6000 m Höhe, wo wir ein vorgeschobenes Lager erstellen. In der zweiten Nacht aber schon zerfetzt der Wind das große Zelt, das uns als Ausgangsbasis für eine Gipfelbesteigung hätte dienen sollen.
Alle müssen wir zurück ins untere Basislager. Mehr als zehn Tage lang zwingt uns das schlechte Wetter, dort zu bleiben.

Über Funk aus Kathmandu erfahren wir in diesen Wochen vom Erfolg der polnischen Expedition am Kangchendzönga. Jurek Kukuczka und Krzyszstof Wielicki haben am 11. Januar den Gipfel erreicht, Andrzej Czok ist an diesem Tag hoch oben am Berg an einem Lungenödem gestorben. Diese Nachricht ist beflügelnd und bedrückend zugleich, beweist sie doch, daß auch hohe Achttausender im Winter ohne Maske bestiegen werden können, gleichzeitig wie gefährlich diese Art von Höhenaufenthalten ist.

Kukuczka hat damit zehn Achttausender-Gipfel bestiegen. Wielicki vier. Beide haben für 1986 weitere Expeditionen vor, Kukuczka mit dem Ziel, die ihm fehlenden vier Achttausender zu besteigen.

Mit diesem Wissen gehen Hans und ich in den ersten Februartagen wieder hinauf, um das neu erstellte vorgeschobene Basislager zu beziehen. Am nächsten Tag schon klettern wir weiter bis auf 7000 m Meereshöhe, wo wir ein Depot errichten. Der Sturm ist zu stark. Wir können nicht bleiben. Wir bauen das Zelt nicht auf und gehen zurück ins stabile Zelt auf 6000 m. Das Wetter bleibt schlecht, tagelang. Vor allem der Sturm läßt nicht nach. Ich liege im Schlafsack und schreibe oder lese.

Überall graue Nebel und ein Sturm, so daß man sein eigenes Wort nicht hört. In Florenz scheint vermutlich die Sonne!

Es ist ein Vorurteil, wenn viele denken, dieses extreme Bergsteigen sei nur anstrengend, nur gefährlich, nur schwierig. Nein, vor allem ist es unterhaltsam. Vor dem Zelt zu sitzen und in die Ferne zu schauen, ohne konkrete Gedanken, ohne etwas tun zu können und zu müssen,

»Unglaublich, die Polen sind im Winter auf den Kangchendzönga gestiegen. Ich habe Probleme, ihre Leistung ohne Neidgefühle anzuerkennen. Allerdings treiben lasse ich mich auch nicht von ihrem Erfolg.« (Hans Kammerlander)

Makalu II und Makalu I. Dazwischen, rechts, der Makalu La.

Sherpa beim Tragen von Ausrüstung für das Fernseh-Team am Makalu. Ca. 6500 m.

löst Verspannungen. Beim stundenlangen Dösen im Schlafsack plötzlich eine klare Erkenntnis. Sogenannte Sonntagsbergsteiger gehen ihrem Tun »freier« nach als wir Profis oder Halbprofis – deshalb ihr so klares Selbstverständnis. Ich beneide sie jetzt darum.

»Das Fernsehen ist keine treibende Kraft für uns. Ob unser Aufstieg live oder versetzt ausgestrahlt wird, kümmert mich hier wenig. Nur der Berg bestimmt unser Tun.« (Hans Kammerlander)

Hans und ich lassen uns zwar nicht vom Fernsehen und von den polnischen Konkurrenten treiben, trotzdem sind wir ausgerechnet im Winter zum Makalu gekommen. Winterbergsteigen im Himalaja ist zur Zeit »in«. Im Frühling und im Herbst steigt bald jeder auf die Achttausender.

Das Winterbergsteigen im Himalaja ist noch relativ jung. Am 17. Februar 1980 bestiegen polnische Alpinisten den Mount Everest, die Regierung in Kathmandu aber ließ diesen Aufstieg nicht als erste Winterbesteigung gelten, der Winter beginnt nach dem dortigen Reglement mit dem 1. Dezember und hört am 15. Februar auf.

Der Mt. Everest von Nepal aus gesehen.

Am 13. Dezember 1982 erreichten ein Japaner und ein Sherpa den Gipfel des Dhaulagiri I, der 8167 Meter hoch ist. Damit war dieser japanischen Expedition die erste offizielle Winterbesteigung eines Achttausenders gelungen. Nachdem vor der Wintersaison das »Basislager« auf dem 5750 m hohen Nordostsattel erstellt worden war – ein Trick, noch vor Winterbeginn möglichst hoch zu kommen –, wurden zwei Hochlager errichtet. Am 13. Dezember um 7 Uhr morgens verließ die Gipfelseilschaft das zweite Lager in 7400 m Höhe. Um 15.30 Uhr erreichte sie den Gipfel. Beim Abstieg wurde sie von der Nacht eingeholt, noch ehe sie Lager III erreichen konnte, das von den anderen Expeditionsteilnehmern am Gipfeltag in einer Höhe von 7800 m erstellt worden war. Die beiden Gipfelmänner biwakierten auf 7930 m in einer Schneehöhle. Am Morgen des 14. Dezember stiegen sie geschwächt und ziemlich verwirrt ab – der Sauerstoff aus den Flaschen war wenig unter dem Gipfel schon ausgegangen –, sie schliefen öfter ein, trafen in 7500 m Höhe zwei Kletterkameraden und erreichten um 14.30 Uhr Lager II. Wie durch ein Wunder kamen die beiden mit leichten Erfrierungen davon.

Inzwischen sind in Nepal fast alle Achttausender im Winter bestiegen worden, nur der Makalu bleibt als Problem. Da sein Normalweg dem gefürchteten Nordweststurm mehr ausgesetzt ist als andere Berge, wird es schwierig sein, ihn in dieser Jahreszeit zu besteigen.

Das erfahren Hans und ich, als wir am 9. Februar vom Lager auf 7000 m zum Makalu La aufsteigen. Das Gelände ist nicht schwierig, aber der Sturm über dem Sattel ist so stark, daß er uns umwirft. Wir haben keine Chance, müssen zurück.
Knapp über dem Makalu La finden Hans und ich einen Toten. Seine Hände und das Gesicht sind weiß wie Gips. Unwirklich wie eine Puppe kommt mir die Gestalt vor.
Dies ist bereits das vierte Mal, daß Hans und ich bei einem Achttausender-Aufstieg einen toten Bergsteiger finden. 1984 am Gasherbrum II haben wir einen toten Arzt »beerdigt«; 1985 an der Annapurna sahen wir das Gerippe eines unidentifizierbaren Alpinisten. Vor einer Woche hat Hans wenig über unserem Lager einen abgestürzten Franzosen, der in den ersten Novembertagen 1985 beim Abstieg vom Makalu II verunglückt sein muß, in eine Spalte gelegt.
Wie oft habe ich eine Bergtour abgebrochen, um Leuten zu helfen, die in Schwierigkeiten waren! Auch im Himalaja! Hier, über dem Makalu La, geben wir nicht auf, weil dieser Tote daliegt. Wir gehen zurück, weil wir uns nicht orientieren können, weil es zu stürmisch ist.
Ich schaue nicht mehr in das Gesicht des toten Mannes, der da liegt, ich folge seinem Blick. So beginne ich den Abstieg.
Wir hatten keine Chance, und wir sollen keine Chance mehr haben. Unser Permit verfällt mit dem 15. Februar, und ich will nicht um Verlängerung eingeben. Diesmal sind wir mit unserem Vorhaben gescheitert. Den nächsten Versuch will ich von ganz unten beginnen.
Wir könnten uns natürlich dopen, irgendwelche Drogen nehmen, um unsere Angstschwelle herabzusetzen. Im Kletterdorado Nordamerikas, am El Capitan im Josemite Vally, ist es in gefährlichen Touren üblich geworden, seine Psyche mit Rauschgift zu stärken. »High« klettert man besser. In großer Höhe aber wäre dies nicht nur gefährlich, großteils auch zwecklos. Wenn einer im Nebel nichts sieht, öffnen ihm auch Drogen das Gesichtsfeld nicht; wenn einem der Jet-Stream umwirft, hält ihn kein Aufputschmittel auf den Beinen. Außerdem sind auch Drogen künstliche Hilfen, auf die ich verzichten will.
Was mich stört bei diesem Abstieg ins Basislager, ist der Gedanke an die Bürokratie, die notwendig sein wird, um erneut ein Permit für eine Makalu-Besteigung zu bekommen. Bürokratie ist meine Sache nicht.
Oft reißt beim Gehen über das grobe Blockwerk am Moränenrand meine Gedankenkette auseinander. Immer, wenn ich kippe oder zwischen zwei Steine trete, muß ich meine Idee wiederfinden und neu durchdenken: Ja, sollten mir im Herbst 1986 Makalu und Lhotse gelingen, werde ich wieder dort klettern, wo man kein Permit braucht, dort, wo mir meine schwierigsten Erstbegehungen gelungen sind. In den Anden Südamerikas, an den Fünftausendern in Ostafrika, und in den Dolomiten natürlich, wo ich mit dem Bergsteigen vor mehr als dreißig Jahren begonnen habe.

»Auch an Tote am Weg kann man sich gewöhnen. Ich mache ein paar Bilder. Ohne mich zu fragen, was ich später mit den Bildern mache, knipse ich das leblose Wesen. War das vormals wirklich ein Mensch?« (Hans Kammerlander)

In der Rinne knapp unter dem Makalu La.

»Hoffentlich wird eine weitere Steigerung im Alpinismus nicht von Drogen und Doping abhängig.« (Hans Kammerlander)

Bootsfahrt auf dem Trisuli-Fluß in Nepal.

J. Godoffe beim Wettklettern in Bardonecchia.

Leistungswille – Leistungsdruck

Wie oft habe ich in den vergangenen Jahren über Leistungswille – Leistungsdruck diskutiert. Nicht nur soweit es das Bergsteigen betrifft. Es ist wahr, ich möchte alle vierzehn Achttausender besteigen. Niemand zwingt mich dazu. Nicht meine Sponsoren, nicht die Erwartungshaltung der Öffentlichkeit, nicht meine Konkurrenten.
Ich will es. Wenigstens noch. Dabei werde ich weiterhin meinen Weg gehen. Es liegt mir nicht, motiviert mich nicht, in der Nachahmung zu leben.
Es ist mir heute ohne weiteres möglich, meine Expeditionen zu finanzieren. Vielleicht lasse ich mich deshalb in keinen Wettlauf hineintreiben. Ich möchte Initiator und Akteur meiner Unternehmungen bleiben. Die (immer relative) persönliche Freiheit wächst weniger damit, was man von anderen zu erwarten hat, als vielmehr damit, was man von sich selbst fordert.
Eine Fangfrage für meine vielen kritischen Kollegen: Was nimmst du im voraus unbefangener an, Geld oder Ausrüstung für deine Expeditionen? Und hinterher: ein Fest deiner Heimatgemeinde oder die nächste Herausforderung?

Der Makalu von Westen. Über diese Flanke ist er 1955 erstmals bestiegen worden.

Der Makalu von Süden, vom Basislager aus gesehen.

Am Jahresende 1985 waren Hans Kammerlander und ich zum Makalu im Himalaja aufgebrochen. Dieser Achttausender in Nepal, 8481 m hoch, ist der fünfthöchste Berg der Welt. Im Februar 1986, also mitten im Winter, wollen wir ihn besteigen. Eine italienische Fernsehgesellschaft will unseren Aufstieg dokumentieren und die Bilder zeitversetzt ausstrahlen.

»Träger und Sherpa zögern im Winter viel mehr als im Frühling oder Herbst. Kein Wunder, sie verstehen nicht, was sie bei Schnee und Kälte da oben sollen. Wir sagen ihnen nicht, daß wir es auch nicht wissen.«

(Hans Kammerlander)

Anmarschträger am Shipton La.

Lager im Barun-Tal.

Träger bei der Mahlzeit.

Trägerinnen während
der Rast.

Nachtlager einer
Trägergruppe.

Im gleichen Maße wie die Zahl der Bergsteiger wächst, wird dieses unser Tun vulgarisiert. Es scheint ein Gesetz zu geben, nach dem der Niedergang mit dem breiten Interesse für eine Sache Hand in Hand geht. Umgekehrt ist der Aufschwung die Folge von individuellem Einsatz. Daher meine Skepsis gegenüber Alpinvereinen, wenn sie kein politisches Programm haben.

Rast am Khoma La.
Anmarsch Makalu.

Der Makalu vom Lager I (vorgeschobenes BL) gesehen.

Das große Basislager (ca. 4800 m) am Fuße des Makalu.

»Der Makalu steht da wie eine fahrende Dampflokomotive. Immer diese Windfahne! Auf einen fahrenden Zug können wir allerdings nicht aufspringen.«
(Hans Kammerlander)

Das Basislager im und nach dem Schneesturm.

Der Makalu von Nordwesten gesehen.

»Wir sind im Himalaja und auch anderswo Gäste. Also müssen wir uns anpassen und unterordnen an die Gesetze und Lebensrhythmen unseres Gastlandes.«
(Reinhold Messner)

Vor dem Aufbruch im Basislager beschwören die Sherpas die Götter.

»Die meisten ›Sahibs‹ passen nicht in diese Berge. Sie stehen wie Fremdkörper in der Natur. Zwischen den Einheimischen bewegen sie sich hölzern oder wie unförmige Maschinen.« (Reinhold Messner)

»Ich glaube nicht, daß die Wettkämpfe Erfolg haben werden: für Wettkämpfe braucht es Athleten, und die Kletterer sind keine Athleten.« (Jacky Godoffe)

Das vorgeschobene Basislager; Ausrüstung vor dem Zelt.

»Ein genormtes Bergsteigen, überwacht von Funktionären, wird nicht an jenen Punkt im Hinterkopf des Menschen herankommen, der uns ›ticken‹ läßt.«
(Reinhold Messner)

Aufbruch vom Basislager.

Der Aufstieg ins Lager I ist wie die Trockenübung ein Sich-Einstellen auf den Aufstieg.

Lhotse und Lhotse Shar von Osten.

»Der Wettlauf zum Gipfel kann nur vom Hang vieler Bergsteiger zur Anarchie gestoppt werden.«
(Reinhold Messner)

Aufstieg am Makalu
oberhalb von Lager I.

Ich persönlich bin mehr ein Einzelgänger am Berg, trotzdem habe ich großen Respekt vor Expeditionsgruppen, die mit viel Disziplin ein gemeinsames Ziel verwirklichen.

Steileis in 6600 m
Höhe am Makalu.

Die Westwand des
Makalu.

Im Zelt ist es düster, draußen aber, in der Sonne, ist es angenehm. Und dieses Panorama ringsum! Wenn der Wind nicht wäre, diese drohende Gewalt hoch über unseren Köpfen, das Winterbergsteigen könnte sogar schön sein.

Lhotse und Everest von Osten, vom Makalu aus gesehen.

»Auch wenn ich nicht mehr extrem klettern kann, bergsteigen werde ich immer, mit ein paar Freunden im Gebirge unterwegs sein.«
(Reinhold Messner)

Lager II am Makalu (7000 m).

R. Messner rastet unter dem Lager II.

Toter Bergsteiger am Makalu La.

»Mitten auf der Route, über der wir ›die erste Winterbegehung‹ des Makalu durchführen wollen, liegt ein Toter quer über dem Weg. So, als ob er uns ein für allemal stoppen wolle.« (Reinhold Messner)

»Am Gipfelplateau des Makalu ist der Sturm so stark, daß er uns umzuwerfen droht – gespenstisch ragen Felshörner in den Nebel. Fluchtartig steigen wir zum Makalu-La ab und durch die Steilrinne darunter zum Lager zurück.«
(Reinhold Messner)

Nebel und Sturm am Gipfelplateau des Makalu.

Abstieg durch die Rinne unterm Makalu La.

»Nach der Dhaulagiri-Expedition 1984 war ich enttäuscht. Jetzt, nach dem Makalu, habe ich den Berg schon vergessen. Keine Selbstvorwürfe, kein Ärger. Der Berg hat uns keine Chance gegeben.«
(Hans Kammerlander)

H. Kammerlander nach der Rückkehr ins Basislager.

S. Stehle und R. Messner im BL des Makalu.

»1911 hat Paul Preuß Langkofel, Fünffingerspitze und Grohmannspitze in den Grödner Dolomiten überschritten. 50 Jahre später gelang dem Belgier Claudio Barbier die Überschreitung der Drei Zinnen über die Nordwände. Wann wird jemand die Lhotse-Makalu-Überschreitung wagen?«

(Reinhold Messner)

Grohmannspitze, Fünffingerspitze und Langkofeleck.

Die Drei Zinnen von Norden. Sextener Dolomiten.

Lhotse und Makalu von Westen. 1986 im Herbst will R. Messner diese beiden Gipfel besteigen (Mitte).

Das Matterhorn von Norden. Die Überschreitung dieses Berges ist zur Alltäglichkeit geworden.

In der Matterhorn-Nordwand.

H. Kammerlander auf einer Schlauchbootfahrt nach »Tiger Tops« im Süden Nepals.

»Vor einer Woche waren wir noch oben auf 7500 m Höhe. Jetzt, auf diesem Schlauchboot im Trisuli-River, empfinde ich alles weit, weit weg. Die Makalu-Expedition? Das war vor einer Ewigkeit.«

(Hans Kammerlander)

Eindrücke von »Tiger Tops«, wo wir nach dem Winter am Makalu »Urlaub« machen. Foto 1: Tiger Tops

Zukunftsaussichten

Das Bergsteigen wird sich in die sportliche Richtung weiterentwickeln. Größere Schwierigkeiten, kürzere Begehungszeiten, weltweites Vergleichsklettern – wie hoch ist der Standort anderswo? – werden das Tun der Elite bestimmen. Und das Festland auf dieser Erde besteht ja zu einem Drittel aus Gebirgen.
Ich persönlich möchte unsere Lebenshaltung im Film ausdrücken und noch ein paar Probleme im Himalaja lösen. Strategie und Taktik dazu lassen sich nicht im voraus festlegen. Sie hängen von den Wandverhältnissen, dem Wetter und der Mannschaft ab. Die Kunst des Bergsteigens besteht auch darin, flexibel zu bleiben.

Übermorgen ist Wahnsinn

In diesem Kapitel werden mir nur die allerwenigsten folgen wollen. Ich wage den Schritt zum Absurden, zur »Lächerlichkeit«. Ich bin es gewohnt, belächelt zu werden. Seit zwanzig Jahren. Also lacht nur! Übermorgen werden einige wenige dort weitersteigen, wo sich mein Weg verliert, auflöst.
Mit dem Gezanke um mehr oder weniger Haken, Sauerstoffmaske ja oder nein, will ich nun aufhören. Auch »Selbstverwirklichung« gibt es genug. Besonders in der Alpinliteratur. Die letzten Probleme im Himalaja interessieren mich nur noch wenig, bald nicht mehr. Ich will wissen, was darüber ist. Und dahinter. Ich will kein Maß finden für mein Besessensein. Ein Medium brauche ich dafür.
Jahrzehntelang habe ich auf hohen Bergen gelebt; ich habe Einsamkeit, Angst, Selbstzweifel ausgestanden – bis zur Verzweiflung.
Heute frage ich mich nicht mehr, wozu meine Erfahrungen gut sein sollen. Auch wenn sie verboten würden, sie existieren mit mir. Warum sollte ich mich meiner Stärken schämen? Meine Tüchtigkeit – eine Mischung aus Wille, Erfahrung, Ausdauer – ist weder eine Tugend noch ein Fehler. Sie war mir Voraussetzung, bis heute zu überleben. Darüber freue ich mich. Wenigstens im Moment. Ich könnte mich jetzt auf »meinen Lorbeeren« ausruhen und aufhören mit der extremen Bergsteigerei. Ausgerechnet das kann ich nicht. Ich muß weitermachen. Bin ich nun ehrgeizig oder süchtig, aus Idealismus tue ich es nicht. So starte ich zu meiner nächsten Expedition, zum Lhotse, den ich in Kombination mit dem Makalu besteigen möchte. Zu einem erneuten Versuch, »mir ernstlich das Leben zu nehmen« oder es zu steigern dadurch. Natürlich will ich überleben, allerdings nicht im Ohrenbackensessel vor dem Fernseher, sondern in einer denkbar schwierigen Situation.
Meine Instinkte sind mir dabei ebenso wichtig wie mein Verstand. In kritischen Situationen waren sie es, die mir geholfen haben, richtig zu entscheiden. Und instinktiv richtig war das, was mir zum nackten Überleben vorteilhaft war. »Selbstsüchtiger Egoist« höre ich jetzt die vielen »Idealisten« unter den »Bergkameraden« schimpfen. Welchen Hochmut hat dieser opfersüchtige »Berg-Heroismus« gefördert? Wieviel Lügen sind durch diese selbstherrliche »Selbstlosigkeit« in Alpinistenkreisen im Umlauf!

Lhotse-Südwand

S. Glowacz

»Nie mehr wieder nehme ich an dieser Art von Veranstaltungen teil.« (Stefan Glowacz)

»Die Bohrhakenfrage ist ein Ethik-Problem, auch wenn viele sagen, das ist schon längst kein Diskussionsthema mehr.« (Rudi Lindner)

Schneesturm in der Manaslu-Südwand.

»Es gibt Extrembergsteiger, die auf die höchsten Gipfel der Erde klettern, um ihr eigenes Leistungsbedürfnis zu befreidigen, und die dann ehrlich über ihre Unternehmungen berichten. Diese Berichte verkaufen sie, um ihre Expeditionen finanzieren zu können. Und es gibt Extrembergsteiger auf ›Abwegen‹, die das Interesse der Menschen an extremen Leistungen benützen, um Geschäfte zu machen. Der Verdacht kommt auf, daß sie nicht aus Freude Expeditionen angehen, sondern ihr Bedürfnis nach Bewunderung ihrer Person stillen und einen krankhaften Personenkult betreiben, um Geld zu machen.« (Robert Schauer)

Der K2 von Süden.

»Oft ekelt mich das Leben dieser Gesellschaft. Nur ›small talk‹. Vielleicht bin ich lebensunfähig; vielleicht nur unfähig, das Spiel dieser Gesellschaft mitzumachen.« (Reinhold Messner)

Die Realität – der Mensch in Lebensgefahr, sein Wirtschaftsgebaren, sein Ehrgeiz – ist mir Wahrheit, nicht das Geschwätz der ungezählten Berghelden, die »den letzten Schluck Wasser teilen«, »die ihr Leben für den Kameraden geben«, »die aus Idealismus auf die Berge steigen« und . . . auch herunterfallen. Zu Dutzenden, zu Hunderten habe ich sie kennengelernt und beobachtet in kritischen Situationen, die »Helden« und »Kameraden der Berge«. Jeder war ein gesunder Egoist. Die Wortführer in Sachen Idealismus waren auch die Wortführer im Verleumden ihrer Kameraden. Die vehementesten Kritiker von Profis und Sponsoren hielten unterm Tisch häufiger die Hand auf als andere und die »Bescheidenen« gehen auch mit dem »Teufel« auf Expedition, um den K2 oder den Mount Everest besteigen zu können. Das ist meine Realität. Was sich andere, von ihren Instinkten abgehobene, dazu vorstellen, interessiert mich nicht. Auch nicht, wenn Hellseher wissen, wer wen wo im Stich läßt oder nicht.

Ich habe meine Erfahrungen gemacht. Mit jeder Tragödie – und war es bis zum eigenen Untergang – bin ich gewachsen. Deshalb verstehe ich zum Thema Tod keinen Spaß mehr. Das leidenschaftslose Predigen der ungezählten Moralhüter stößt mich ab. Wer selbst fast zugrunde gegangen ist, braucht keinen Kodex, um »richtig« zu handeln. Das Leiden gehört ihm!

Auch von Erfolgszwang will ich nichts mehr hören. In meinem Leben gibt es kein Muß. Ich habe nur Ansprüche. Vor allem an mich selbst. Meine Pflichten erfinde ich mir selbst, Tag für Tag, Monat für Monat, Jahr für Jahr. Wenn ich trainiere, tue ich es, weil ich ehrgeizig bin und überleben will. Die Pflicht an sich, als etwas Allgemeingültiges, gibt es so wenig wie das Gute oder das Böse. Mein Training ist für mich gut, wenn ich es will, und ich will es, weil es für mein Überleben notwendig ist. Ich könnte das Leben nicht aushalten, wenn ich nicht wie Büchners Lenz »ab und zu auf einen hohen Berg« oder in eine große Wüste könnte. Die Neugierde, die Faszination ist mir Ansporn genug, nicht irgend ein Ismus. Ich bin mit mir selbst zufriedener, wenn ich weit gehen kann.

Es gibt keinen anderen Beweis für die eigene Begeisterung als die eigene Lust. Wer nicht besessen ist von dem, was er tut, wird wenig Lust dabei haben. Ebensowenig Erfolg. Begeisterung und Erfolg gehen Hand in Hand, im Sport, in der Wissenschaft, in der Kunst. Dasselbe gilt wohl auch für die Arbeit, soweit sie noch so heißt, wenn wir sie in dieses Lustprinzip einbinden. Im großen Rahmen ist die Lust der Treibstoff für mein Leben. Vor allem, wenn ich gesund bin. Geld, Anerkennung kommen wie selbstverständlich dazu. Sie helfen mir nur, dieses Spiel weiter zu treiben, seelisch und körperlich nicht zu verhungern. Ansonsten ist mir die Lust Genugtuung genug.

Ich habe mein Bergsteigen zu *meiner* Zeit so weit getrieben, wie ich konnte. Dabei ist mir häufig Verantwortungslosigkeit vorgeworfen worden. Morgen schon wird mein Alpinismus überholt sein.

Was sich verändert hat gegenüber den Generationen vor uns, war weniger die Ausrüstung als vielmehr die Einstellung zu gegebenen Problemstellungen. Was sich verändern wird – radikal – und immer weiter verändern muß, ist die Einstellung. Ich bin ein konservativer Bergsteiger, weil ich diese notwendige Veränderung als Gesetz des Fortschritts erkenne. Nach und nach werden dabei auch die alten Klischees und Ideale erschüttert, werden neue Werte geboren. Der »Heroismus«, die »Kameradschaft«, der »Sieg« – heute schon sind diese Begriffe leer oder verlogen. Also lassen wir sie besser weg – oder füllen sie mit anderen Inhalten.

Wettkletterer bei der Rast im »Trainingscamp«.

F. Lathoumette beim Vergleichsklettern in Bardonecchia.

»Wettkampf- und Trainingsregeln entstehen in einem empirischen Klima. Habt ihr schon einmal einen Athleten ohne Trainer gesehen? Und kennt ihr irgendeinen Kletterer, der seinem Trainer folgen würde, wie die anderen Athleten es tun?« (Jacky Godoffe)

Ich weiß, daß auch das Wettklettern keine Zukunft hat. Morgen könnte es vielen jungen Kletterern Ansporn sein, übermorgen wird es ihnen nicht mehr genügen. Es kann, es darf nicht genügen. Nur Einäugige können glauben, daß die Entwicklung nur noch eine Richtung haben soll. Ich bin nicht gegen den Wettkampf an sich, aber Schiedsrichter, Bürokratie, Massenaufläufe sind mir zuwider. Alle Arten von Regeln sind mir suspekt. Ausgenommen die selbstgemachten.
Und wer wird die kostspieligen Wettkämpfe ausrichten, wenn das Fernsehen sie nicht live überträgt? Die Sponsoren verlieren schnell ihr Geld, wenn das breite Publikumsinteresse fehlt. Für Rundfunk und Fernsehen aber sind Kletterwettkämpfe zu langsam. Die Ranglisten in der Zeitung sind trocken. Kein Organisator wird bereit sein, die Helden zu opfern, das Absturzrisiko tödlich werden zu lassen, um die Spannung anzuheizen.
Nach der Eroberung der Gipfel und Wände haben die führenden Kletterer mit der mehr oder weniger direkten Linie und dem Stil gespielt, um ihrem Tun eine Bedeutung zu geben, das es nicht hat. Das Wettklettern ist nur eine Spielform des Schwierigkeitsalpinismus, nach Inhalt und Sinn gleich fragwürdig wie alle anderen Disziplinen auch. Die Sportkletterer, die sich einem internationalen Wettkampf stellen, sind sicher mutig. Vielleicht auch weniger verlogen als die »heldenhaften Bergkameraden«, die ihre »Wettkämpfe« in Abwesenheit der »Konkurrenten« am Klubabend mit Worten austragen. Das sind und waren die Bühnen für das Theater: »Wer klettert besser als King Kong?« Ich kann darüber schmunzeln, Sorgen macht es mir nicht.
Was mir Sorgen macht, ist der Mensch. In den meisten alpinen Disziplinen ist die Grenze der biologischen Belastbarkeit des Menschen erreicht. Wer Spitzenleistungen bringen will, muß täglich stundenlang extrem hart trainieren. Das überfordert Knochen, Muskeln und Sehnen. Noch weiß man nicht, wie viele Achttausender ein Mensch ohne Maske besteigen kann, ohne geistig darunter zu leiden; wie viele Muskel- und Sehnenzerrungen notwendig sind, aus einem Sportler einen Krüppel werden zu lassen.
Auch deshalb spiele ich den Wettkampf nicht mit. Die Idee, alle vierzehn Achttausender dieser Erde besteigen zu wollen, ist meine. Es

Hand an Felsgriff.

R. Messner bei einer öffentlichen Diskussion über Grenzsituationen.

gab keinen Konkurrenten, der sie mir hätte aufzwingen können. Und wenn ich nach dem dreizehnten nicht mehr will, versuche ich den vierzehnten kein drittes Mal.
Trotzdem, aufgeben werde ich das Bergsteigen nie. Ich werde es weiterhin meinem Können und meinen Notwendigkeiten anpassen. Ich brauche es, um klar denken zu können, um das Leben besser zu verdauen.

Mein Bergsteigen ist seit zwanzig Jahren auch ein Versuch, mit fliegenden Lungen zu philosophieren, mit klammen Fingern zu schreiben. Und ein solcher wird es vermutlich bleiben. In der Bewegung, im Freien fühlt sich mein Kopf wohl. Beim Sitzen ruht sich meist auch mein Geist aus. Meine Phantasie bewegt sich mit meinen Beinen. Ich möchte gehend schreiben können.
Mir ist es heute nicht mehr so wichtig, immer in den Bergen zu sein. Ich ordne mein alpines meinem privaten Dasein unter. Mein Traum bleibt es, im Gebirge als Bauer zu leben. Herumgezogen bin ich genug. Die Autarkie auch praktisch leben zu können, um geistig und seelisch freier zu sein, ist jetzt mein Wunsch. Bauer sein, einmal im Jahr ein Abenteuer wagen, mit einigen wenigen Menschen eine intensive Beziehung pflegen – das stelle ich mir nach zwanzig Jahren Extremalpinismus auf allen Kontinenten als mein Übermorgen vor.
Bergsteigen ist für mich schon lange nicht mehr Flucht; auch als Sensation hat es sich verbraucht. Ich möchte einfach im Gebirge sein, *da sein,* und das ist es, was mich von allen Wettkämpfen fern halten wird. Ich will nicht trainieren müssen, weil andere trainieren; nicht starten müssen, wenn ich bleiben will.
Auch meine Reiselust ist befriedigt, ich möchte seßhaft werden. Mit niemandem fühle ich mich in Konkurrenz. Die Geschicklichkeit und die Kraft der besten Freikletterer bewundere ich, trotzdem halte ich Kletterkönnen nicht für eine besonders wichtige menschliche Fähigkeit. So wenig ich den Muskeln eines Bodybuilders Wert gebe. Es gibt Wichtigeres.
Wenn ich trotzdem auf einen Berg steige, so habe ich Augen und Instinkte, um den Gefahren auszuweichen, den Verstand, mir adäquate Ziele zu suchen. Ich brauche den Kitzel durch den Wettkampf nicht, um meine Aktivität zu steigern. Ich brauche nur eine gute Idee. Und

B. Arnold in »Herbstwind« (IXb), am Domerker. Foto: F. Richter

»Idealismus muß weiterhin zum Sportklettern gehören, sonst ist es nicht mehr als Catchen oder Preisboxen!« (Marcus Lutz)

H. Zak in »Supercrack of the Desert« (5.10b), in Indian Creek Canyon, Utah, USA. Foto: H. Zak

meine Sponsoren wollen öffentliche Auftritte, nicht einen Sieger. Auch erste Plätze verbrauchen sich.
Sicher wird es der nächsten Bergsteigergeneration schwerer fallen, sich als Profis zu etablieren. Und dies, obwohl das Bergsteigen noch mehr Interesse finden wird als bisher. Persönlichkeiten wie Hermann Buhl, Walter Bonatti, René Desmaison lebten auch davon, daß sie ein Jahrzehnt lang an der Spitze und damit in der Öffentlichkeit standen. Die Stars von morgen werden immer rascher wechseln. Die Intoleranz der bergsteigenden Masse wird wachsen. Die Unbedenklichkeit, ja die Frechheit der ungezählten Sektierer, der Avantgarde ihren eigenen Verhaltenskodex aufzudrängen, wird nicht abnehmen.
Der Alpinismus in seiner klassischen Form ist vorbei. Die Zeit einer leeren, weil fertigen Welt ist angebrochen. Jede Erschließung, die geographische wie die bergsteigerische haben keinen Sinn mehr. Auch die Zeit der großen Pioniere ist vorbei. Wenn es nichts mehr zu erforschen gibt, was sollten sie beschreiben?
Dem Schneepflug der Pioniere folgen nun weltweit die Neckermänner des Tourismus. Es interessiert nicht, ob einer außerhalb der Spur

»Profit erklettert alle Achttausender der Erde innerhalb eines Sommers, allein jeweils, an einem Tag vom Basislager aus und über die schwierigsten Routen. Und stell dir vor, dich interessiert das plötzlich nicht mehr die Bohne.«
(Axel Klemmer)

»Die absolute Spitze wird kleiner werden. Einige ›Wahnsinnige‹ werden so hohe Risiken ohne jede Absicherung eingehen, daß es allen anderen an Mut zur Nachahmung mangeln wird.«
(Hans Kammerlander)

Mt. Everest (Spitze über dem Nuptsegrat) und Lhotse von Süden.

Blumen in den Schnee tritt oder Purzelbäume schlägt, auch nicht, ob einer die Strecke vom Basislager zum Gipfel des K2 schneller zurücklegt – der Weg ist gebahnt!
Alle Achttausender innerhalb eines einzigen Jahres zu besteigen bedeutet nichts anderes, als sich einmal zu akklimatisieren, eine außergewöhnliche Kondition mitzubringen und eine möglichst große Beweglichkeit. Dafür sind Geld und eine perfekte Organisation notwendig. Ideen braucht es dafür nicht. Ideen sind auch nicht bei Schnellaufstiegen über vorbereitete Wege gefragt. Wer über eine »Piste« ohne Rucksack an einem Tag auf den Broad Peak hetzt, steht am Gipfel 8048 m hoch, es bleibt ihm nur jene oberflächliche Spur der Erfahrung, die er beim Aufstieg benutzt hat.
Der Wettlauf zum Gipfel ist wie ein Wettkampf im Fels eine Sackgasse. Nicht, weil ethische Werte damit verlorengingen, nein, nur weil diese Motivation auf Dauer nicht trägt. Ich rede nicht, wie die vielen eingefleischten »Alpinidealisten«, denen es in Wirklichkeit nur darum geht, ob die vielgepriesene »Bergsteigerethik« überdauert oder nicht. Sie wollen die Realität mit einem Ideal ersetzen. Von höchster Wichtigkeit ist ihnen nur, ob ja alle anderen ihrem »hehren Kodex« entsprechen. Ich will aber auch nicht an etwas glauben, was es in der Realität nicht gibt.
Ich möchte wissen, was uns so stark erschüttert, daß wir dieses gefährliche und anstrengende Spiel immer wieder wagen. »Die Liebe zu den Bergen?« Diese nehme ich nur wenigen ab. Auch darum gibt es viel Verlogenheit! Da sind mir die naiven, jungen Kletterer lieber, die alles auf den Vergleichskampf setzen. Der Stärkste soll gewinnen. Für einen 20jährigen im Klettergarten kann das vollkommen stimmig sein. Das Gebirge aber ist anders. Jeder, der den Berg wirklich kennt, weiß, daß beim Abenteuer-Berg keine Sieger ermittelt werden können. Nur Überlebende und Gescheiterte, wenn man, wie ich, das Überleben als die Kunst des Bergsteigens betrachtet. Wer sich selbst wagt, muß bereit sein, zu versagen und zu scheitern.
Darin und nur darin liegt die Chance für die Zukunft im großen Alpinismus: im Wagnis des Scheiterns. Dabei verstehe ich unter Scheitern nicht den »vornehmen«, »selbstlosen« Verzicht auf den Gipfel – wie selten gibt es den wohl! – sondern die Katastrophe.
Die freiwilligen Monate und Jahre im Eis der Hochgebirge haben mir die Augen geöffnet. Heute erscheinen mir die »Ideale des Alpinismus« als verlogene Welt. Alles Fragwürdige im Dasein, das Geheimnisvolle interessieren mich mehr. Vor allem die Menschen. Vielleicht laufen mir

»Diese Kletterei war ein perfektes Beispiel von all dem Wahnsinn und Risiko, die mit dem Klettern im Alpenstil auf den höchsten Bergen verbunden sind.«
(Voytek Kurtyka)

Die Westwand des G IV.
Foto: V. Sella

die »geistig Gestörten« deshalb allerorts zu, weil sie merken, daß auch ich aus der üblichen Reihe tanze.
Die Instinkte der Angepaßten und Unterwürfigen sind mir abhanden gekommen. Der Geist wildgewordener Sekretärinnen – »seine Aussage ist sicher ein harter Schlag in die Magengrube von Millionen von Fernsehzuschauern« – soll sich nicht mit meinem Geist messen können.
Mein sicherer Instinkt, festzustellen, daß die idealisierenden Bergsteiger die verlogenen sind, ist mir erst im Laufe von Jahrzehnten zugewachsen. Nach bald 50 Expeditionen, mehr als 1000 Vorträgen weiß ich, wie das Bild aussieht, das sich der »richtige« Bergsteiger von sich macht. Mein Geschmack verbietet es mir, mich im Detail mit ihm auseinanderzusetzen. Ich will meine Zeit mit anderem nutzen, mit Wichtigerem. Für mich Wichtigem. Meine Instinkte und meine persönlichen Egoismen will ich mir zur Pflicht machen.
Hoch oben auf einem Felshügel in den Südtiroler Bergen, auf Juval, habe ich ein verfallenes Renaissance-Schloß erworben und teilweise wieder bewohnbar gemacht. Teilweise soll es Ruine bleiben, wie ich selbst Ruine bin, Tag für Tag weiter verfallend. Ich möchte leben wie ein Europäer der Renaissance gelebt hat. Ich habe es satt, mein Starksein mit Bescheidensein zu kaschieren. Stolz will ich sein dürfen, meinen Übermut und meine Verzweiflung herausbrüllen können, ohne dafür gleich ins Irrenhaus eingewiesen zu werden.
Über Juval ist der Himmel meist klar, die Luft ist dort trocken, man kann überall hingehen – in alle Himmelsrichtungen, aufwärts, abwärts. Ich könnte mir vorstellen, jahrelang dort zu bleiben, zu klettern oder auch nicht. Warum sollte ich nicht die Wunschlosigkeit anstreben, das NICHTS wollen!
Wenn ich mich vom Alpinismus langsam abseile, heißt das nicht, daß ich nichts mehr wagen werde. Ich will mir andere Abenteuer suchen. In meiner Gesellschaft, in meiner Landschaft. Und ich werde wählerischer sein. Auch mit Menschen. Ich werde weiterhin mit einem Bein über dem Abgrund leben, weiterhin Widerstände suchen. Ich brauche Widerstand. Die natürlichen Probleme, die ich dafür auswähle, sind das Maß für mein Menschsein, das Medium für meine Erfahrungen. All meine Kraft, Erfahrung und Ausdauer muß ich einsetzen müssen, auf daß sich ein erneuter Aufbruch lohnt. Ich greife nur Probleme auf, an denen ich scheitern könnte. Oder auch umkommen. Dabei widerstrebt es mir, Menschen anzugreifen. Boxen oder Autorennfahren könnte ich nie.
In den meisten Alpenvereinen, in diesen Sekten, in denen die »guten Bergsteiger« »still« und »bescheiden« sein müssen, fühle ich mich nicht wohl. Deshalb bin ich dort auch nicht Mitglied, Ehrenmitglied nur, wenn ein politischer Anspruch besteht. Diejenigen, die Begriffe wie »Idealismus«, »Bergkameradschaft« und »Bescheidenheit« für sich gepachtet haben, um sich so abzugrenzen gegen die niedere Welt unten und die »lauten« Geschäfte der Profis, haben mir die Alpinszene verekelt. Lieber ein Ausgestoßener als ein heuchelnder Mensch. Trotzdem will ich weiterhin sagen, was ich denke. Ich kann nicht alle Ungereimtheiten meiner Gegner in mich hineinfressen – das macht auf Dauer einen schlechten Geschmack.
Mein Bergsteigen war und ist nichts Besonderes. Es ist nur anders als das der Gralshüter des Alpinismus. Ihnen bin ich nicht in Nibelungentreue verbunden, ihnen will ich ein Dorn im Auge sein. Ich werde mich weiterhin wehren, durch meine Existenz, durch meine Taten. Ich bin ihr lebender Widerspruch.

»Zuviel Ehrgeiz ist am Berg gefährlich und blockiert außerdem die Erlebnisfähigkeit. Man verliert dabei das menschliche Maß. Ehrgeiz muß man überwinden, man kann ihn nicht befriedigen.«
(Georg Bachler)

R. Messner in Juval in Südtirol.

»Die meisten Bergsteiger, die sich selbst zur Elite zählen, sind krank vor Neid. Wenn zwei von ihnen über einen dritten reden, verurteilen sie sein Tun, seine Haltung oder seinen Erfolg.«
(Reinhold Messner)

»Das Verrückteste abwägen und in Betracht ziehen und dabei nicht vorschnell das Urteil ›unmöglich‹ aussprechen.« (Wolfgang Güllich)

»Mein Tun kann sich nicht mehr auf die Alpen beschränken. Sie regen mich nicht mehr an. Die Anregungen muß ich anderswo suchen, der Mont Blanc genügt mir nicht mehr.« (Christophe Profit)

B. Arnold in einem Felsdach (VIII), Elbsandstein-Gebirge. Foto: F. Richter

Elitär oder verrückt

Ob diese Lebenshaltung elitär ist oder verrückt, überlasse ich dem Urteil des Lesers. Sicher ist sie abgerückt vom Bild, das sich die meisten Alpinisten von ihren »Idealen« machen. Ich weiß, daß diese Überzeugungen zum Vorurteil verleiten können, ich vertrete mit diesem meinem Weg einen asozialen Alpinismus.

Nicht wer die Grenzen überspringt, die in uns liegen, ist verrückt, sondern wer sie negiert, und der natürlich, der die Grenzen der Natur nicht anerkennt. Ich plädiere für Mut, nicht für Größenwahn, für Selbstforderung, die adelt, und nicht für jene hehren Phrasen, mit denen sich so viele beweihräuchern. Solange die junge Generation lebt, als habe sie keine Ideen, und die alte, als habe sie den Schlüssel zum »wahren Alpinismus«, will ich weiterklettern.

So zersetzte ich weiterhin die Ideologie der »Idealisten«. Also hat mein Bergsteigen doch etwas Positives.

Die Lhotse-Südwand, an der Polen und Jugoslawen bis 300 m an den Gipfel herankamen.

»Würden wir alle Größen im Fels in denselben Rahmen stellen, ergäbe das ein unscharfes Bild. Es gibt viel Konkurrenz und gute Geschäfte für die, die sich hervortun, und so passiert es, daß sich der Alpinismus des einen unterscheidet vom Alpinismus der anderen. Jeder fühlt sich in seiner Sparte als der Beste, mit den Regeln, die er sich selbst macht.« (Jacky Godoffe)

Höhenbergsteiger auf Schloß Juval.
Treffen '85.
Foto: Vertical

»Beim Treffen führender Höhenbergsteiger auf Juval schockte mich deren Selbstgefälligkeit. Die glauben wirklich noch, es sei gut für die Menschheit, wenn wir auf die Achttausender klettern. Es ist dieser Auserwähltseinsdünkel, der mich von den meisten Alpinisten fernhält.« (Reinhold Messner)

R. Messner sieht sein Morgen in Tibet, Patagonien, beim Fliegen, auf Tour und in Juval.

Wer den Mut hat, eine Route zu wählen, an der keinerlei Vorgaben vorhanden sind, weder Fixseile noch Hochlager, wer ohne Hochträger zu zweit oder zu viert Überschreitungen wagt, ohne sich auf eine vorher aufgebaute Lagerkette zu stützen, findet auch heute im Himalaja und Karakorum noch das, was früher das Expeditionswesen ausmachte. Mit all den Gefahren, der Anstrengung und der Genugtuung, von Mal zu Mal menschliche Grenzen zu versetzen.

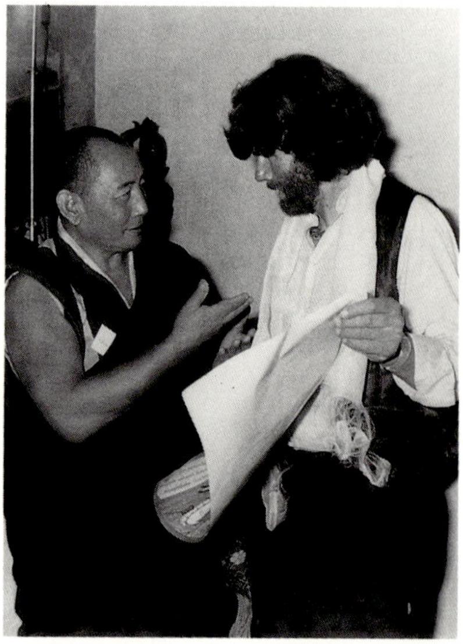

R. Messner im Gespräch mit einem Lama über Meditation.

Ausschnitt aus einer tibetischen Thanka.

Der Kailash in Tibet, der heiligste Berg der Welt.

»Nicht mehr weiter zu wissen, hieße für mich, keine Ideen mehr zu haben; das Bild der Erde ohne Formen meiner Phantasie zu sehen.« (Reinhold Messner)

»Das Bergsteigen zu einem Sport machen – ohne dabei dem Begriff ›Zu-einem-Sport-Machen‹ einen negativen Inhalt zu geben – trägt zu dieser Nicht-Kultur bei, weil es die Kultur dessen beraubt, was ihr Wesen ausmacht: das Sagenhafte, das Gefühlsmäßige. Ich glaube, daß durch das Aufkommen des Free-climbing vieles dazugewonnen wurde, aber auch vieles verlorengegangen ist.«

(Alessandro Gogna)

Machapuchare, unbestiegener, heiliger Berg in Nepal.

»Nicht die Technik, nicht die Schnelligkeit – Intelligenz und Kreativität sind meine Bewertungskriterien für die Stärke eines Bergsteigers.« (Reinhold Messner)

Klettern als Spirale der Meditation. B. Arnold in »Spirale« (X). Foto: F. Richter

»Es geht auch darum, etwas weiterzugeben! Nicht die Technik, nicht den Rekord, nicht eine Heldengeschichte – vielleicht ein Stück Kultur. Dafür reicht es nicht, die Berge abzuhaken, sich für sie zu begeistern, sie zu besteigen.«

(Reinhold Messner)

Die großen Gebirge (Gipfel) der Welt

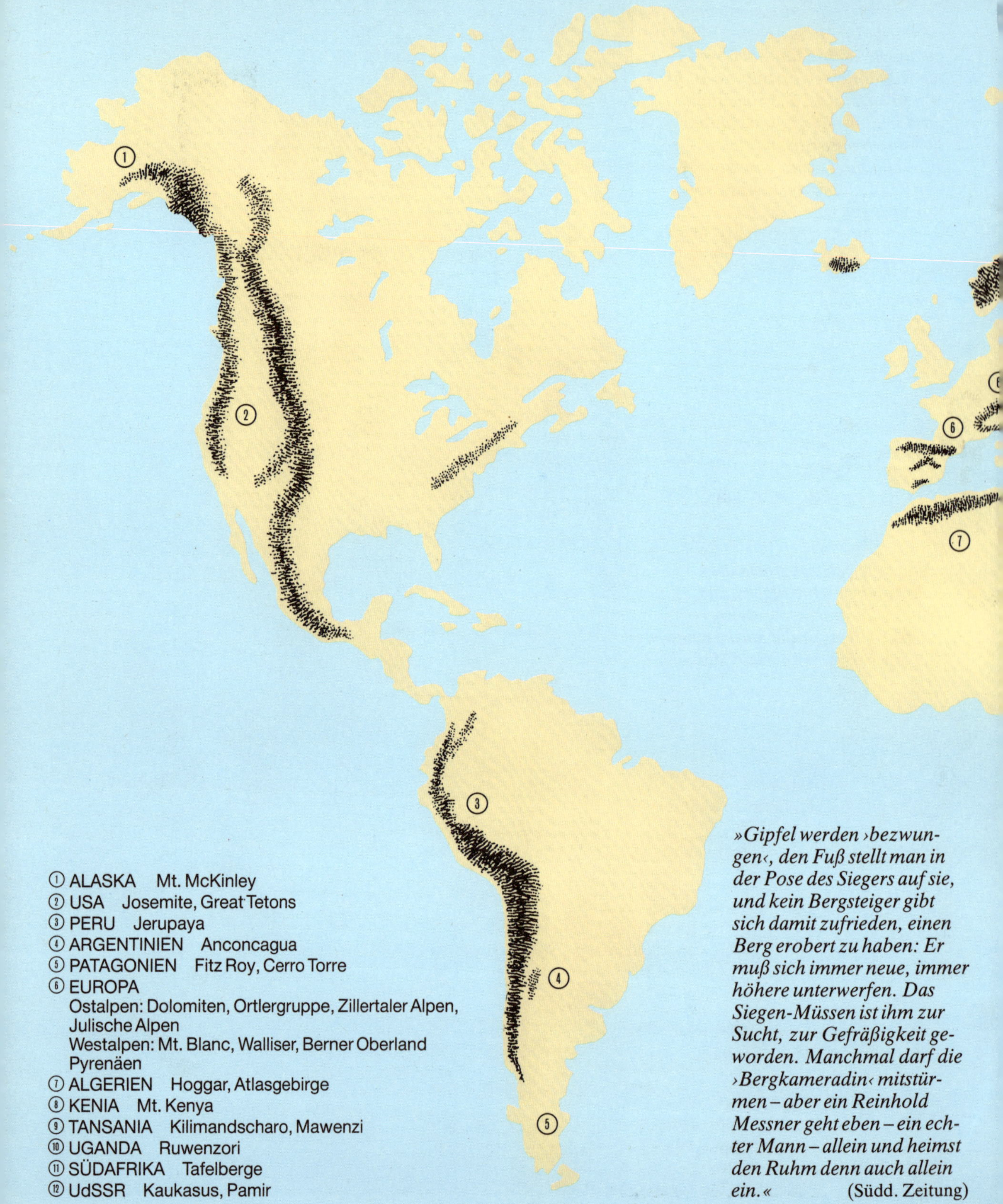

① ALASKA Mt. McKinley
② USA Josemite, Great Tetons
③ PERU Jerupaya
④ ARGENTINIEN Anconcagua
⑤ PATAGONIEN Fitz Roy, Cerro Torre
⑥ EUROPA
Ostalpen: Dolomiten, Ortlergruppe, Zillertaler Alpen, Julische Alpen
Westalpen: Mt. Blanc, Walliser, Berner Oberland
Pyrenäen
⑦ ALGERIEN Hoggar, Atlasgebirge
⑧ KENIA Mt. Kenya
⑨ TANSANIA Kilimandscharo, Mawenzi
⑩ UGANDA Ruwenzori
⑪ SÜDAFRIKA Tafelberge
⑫ UdSSR Kaukasus, Pamir

»Gipfel werden ›bezwungen‹, den Fuß stellt man in der Pose des Siegers auf sie, und kein Bergsteiger gibt sich damit zufrieden, einen Berg erobert zu haben: Er muß sich immer neue, immer höhere unterwerfen. Das Siegen-Müssen ist ihm zur Sucht, zur Gefräßigkeit geworden. Manchmal darf die ›Bergkameradin‹ mitstürmen – aber ein Reinhold Messner geht eben – ein echter Mann – allein und heimst den Ruhm denn auch allein ein.« (Südd. Zeitung)